Equipados para la Batalla

Perspectivas personales sobre las creencias y prácticas de Wesley, basadas en los *Artículos de Guerra,* el documento de membresía del **Ejército de Salvación**

Equipados para la Batalla

Perspectivas personales sobre las creencias y prácticas de Wesley, basadas en los *Artículos de Guerra*, el documento de membresía del **Ejército de Salvación**

por
Jim Garrington
Mayor

El Ejército de Salvación
Territorio Central, EE.UU.

The Salvation Army
USA Central Territory
Copyright © 2009
Impreso en EE. UU.

A menos que se indique lo contrario, todas las citas bíblicas han sido tomadas de la Nueva Versión Internacional.

Las Declaraciones de Posición del Ejército de Salvación que se incluyen en este libro son las más recientes a la fecha de impresión. Abril, 2009

Library of Congress Cataloging in Publication Data aplicado a
Garrington, Jim
       Equipados para la Batalla

ISBN - 13: 978-0-9648347-2-9
ISBN - 10: 0-9648347-2-3

Diseño: Kenneth Romin
Traducción al español: Cecilia Castro
Edición del español: Departamento de Ministerios Multiculturales

Contenido

Prefacio   9

Parte I: *El Ejército en el curso de la historia*

Capítulo 1: Similares pero diferentes:
    El Ejército en el contexto histórico   13
Capítulo 2: William Booth encuentra su destino   25

Parte II: *Las Doctrinas*

Capítulo 3: ¡La B-I-B-L-I-A! Sí, ¡Ése es el libro para mí!   37
    Doctrina 1
Capítulo 4: El verdadero objeto de la adoración   47
    Doctrina 2
Capítulo 5: La Trinidad: Buena teología, malas matemáticas   57
    Doctrina 3
Capítulo 6: Jesús: 200%   *Doctrina 4*   65
Capítulo 7: Entonces, ¿cuál es nuestro problema?   71
    Doctrina 5
Capítulo 8: Jesús al rescate   *Doctrinas 6 y 7*   79
Capítulo 9: Permaneciendo salvo   *Doctrinas 8 y 9*   95
Capítulo 10: Amor perfecto   *Doctrina 10*   105
Capítulo 11: Al otro lado del tiempo   *Doctrina 11*   117

Parte III: *Vivir como un soldado de Dios*

Capítulo 12: Vivir como un pueblo llamado — 131
    Artículos de Ética 1 y 2

Capítulo 13: El cristiano que gritó, ¡Ahí viene el lobo! — 137
    Artículo de Ética 3

Capítulo 14: De las personas, la sociedad y las relaciones cristianas — *Artículos de Ética 4 y 5* — 145

Capítulo 15: ¡Lo que es mío no es mío! — 155
    Artículos de Ética 6 y 9

Capítulo 16: ¡No más cadenas que nos aten! — 165
    Artículo de Ética 7

Capítulo 17: Yo y mi querido Ejército de antaño — 177
    Artículos de Ética 8 y 10

Capítulo 18: La gran vejación: Los Sacramentos — 187

Parte IV: *El Pacto*

Capítulo 19: El Pacto del Soldado — 203

Apéndice: Las Declaraciones de Posición del Ejército de Salvación

Aborto	208
Abuso	210
Alcohol y drogas	211
Consumo de bebidas alcohólicas	213
Control de la natalidad	214
Crianza de los hijos	215
Don de lenguas	217
Eutanasia y suicidio asistido	218
Hábito de fumar	220
Homosexualidad	221
Igualdad económica	223
Igualdad humana	225
Juegos de azar	227
Matrimonio	228
Medio ambiente	230
Observancia del día de reposo	232
Permisividad sexual	233
Pornografía	235
Relaciones humanas	237
Servicio militar	239
Técnicas de reproducción	240

Prefacio

Cuando se revisaron los *Artículos de Guerra* hace muchos años, bajo la dirección de la Generala Eva Burrows, me encontré con un dilema. En ese tiempo vivíamos en Munich, Alemania, y estaba a punto de comenzar a dictar un curso para aspirantes a soldado. Pero me di cuenta que todos los materiales que había usado eran obsoletos. Las doctrinas no habían cambiado, pero la segunda mitad, las declaraciones de ética, sí. No tenía más opción que resolverlo. De hecho, salió bastante bien.

La clase se basaba en la forma en que yo veía las cosas. Mis notas eran precisamente eso, mis notas. Eran personales. La comprensión de las doctrinas era mi comprensión, las ilustraciones, en su mayoría, venían de mis propias experiencias; el énfasis se hacía en aquello que me apasionaba a mí. Esto, por supuesto, es exactamente lo que usted esperaría. Estoy convencido que estas perspectivas personales son apropiadas para los salvacionistas y que el fundador las habría aprobado. No obstante, el Ejército de Salvación nos ha dado, sabiamente, una gran libertad para la comprensión de nuestras doctrinas y para la expresión práctica de las mismas. Esto significa que es posible que otros salvacionistas estén en desacuerdo conmigo sobre algunos asuntos, pero que todavía estén dentro de los límites de lo que significa ser un salvacionista. Es más, algunos han estado en desacuerdo conmigo. De hecho, he reescrito este pequeño volumen muchas veces; algunas para explicar mejor aquello que pensaba que era claro, otras para incluir puntos de vista convincentes.

Cuando comencé este proyecto en Munich, no había disponible nada más. Todo eso ha cambiado. *La Historia de la Salvación: El Manual de Salvacionismo* ha sido actualizado para reflejar las revisiones de los *Artículos de Guerra*. El Mayor Chick Yuill ha escrito un curso muy popular para aspirantes a soldado, *Órdenes de Batalla*. *Equipados para la Batalla* es otro recurso adicional de mis propias perspectivas personales.

Espero que usted encuentre útil este volumen y que pueda usar el contenido en sus propios esfuerzos para compartir el Ejército de Salvación y, en mayor medida, el evangelio. Pero, al fin y al cabo, el propósito de escribir este libro es darle gloria a Dios principalmente. Deseo que esté mejor equipado por el uso de este libro para que haga *brillar su luz delante de todos, para que ellos puedan ver las buenas obras de ustedes y alaben al Padre que está en el cielo* (Mateo 5:16).

Jim Garrington, Mayor

Parte I

El Ejército en el curso de la historia

Capítulo 1

Similares pero diferentes:
El Ejército en el contexto histórico

Tengo dos preguntas para usted:

1. ¿Por qué somos los salvacionistas diferentes a todos los demás?
2. ¿Por qué somos similares a todos los demás?

Existe una tensión entre los salvacionistas en cuanto a nuestra necesidad de ser como otros cristianos y nuestra necesidad de ser diferentes. Somos diferentes, y necesitamos serlo. Si no fuéramos por lo menos algo diferentes a los bautistas, entonces también podríamos ser bautistas. Si fuéramos idénticos a los católicos, entonces, simplemente, podríamos llamarnos católicos y resolver el asunto. Tenemos que ser por lo menos algo diferentes o entonces no habría una verdadera razón para que existiéramos como una entidad independiente.

Por otro lado, no podemos ser muy diferentes, porque entonces tendríamos que preguntarnos si en realidad somos cristianos. Los bautistas, los católicos, los pentecosteses y los salvacionistas tienen "algo" básico en común. Todos nos hemos encontrado con grupos que han dejado ese "algo". Se llaman cristianos a sí mismos, pero tienen algunas creencias muy extrañas. Algunos piensan que Dios tiene una esposa (¡o hasta muchas!) y que está engendrando niños celestiales constantemente. Otros enseñan que Jesús está sano y salvo, y que vive en Corea. Algunas de las prácticas requeridas por sus religiones también son muy extrañas: el profeta les dice con quién casarse, o buscan sentirse iluminados repitiendo una frase—mantra—durante horas a la vez. Por lo tanto, hasta para alguien no tradicionalista como yo, vale la pena permanecer dentro de ciertos límites establecidos a través de los siglos por los cristianos.

Somos iguales porque somos cristianos. Más aún, somos cristianos *protestantes*. Más específicamente, somos esa clase especial de protestantes llamados *wesleyanos*. Para facilitar la comprensión de lo que esto significa condensemos dos mil años de historia en unas cuantas páginas.

Comencemos con el libro de los Hechos, la historia sobre el comienzo de la iglesia. En ese entonces, cuando sólo había un par de cientos de cristianos, todos eran iguales aunque no tomó mucho tiempo para que surgieran diferencias de opiniones. Por ejemplo, en Hechos 6 se necesitó hacer algunos cambios en la distribución de las tareas de la iglesia. Unos años después, de acuerdo a lo registrado en Hechos 15, se hizo una revisión de los requisitos para ser considerado miembro. En los siguientes siglos se vio una especie de juego de "tira y afloja" cuando los cristianos trataban de definir quiénes eran y en qué creían.

Alguna gente muy extraña trató de seducir a la iglesia hacia su postura, pero muy pronto se les consideró herejes. Por ejemplo, un líder de la iglesia que se llamaba Marción llegó a la conclusión de que Dios no era judío, por lo que eliminó todo el Antiguo Testamento y la mayor parte del Nuevo Testamento, y trató de hacer que todos los cristianos hicieran lo mismo. Por otro lado, algunas personas tenían algunos desacuerdos menores con el sistema eclesiástico, pero estaban de acuerdo con todo lo demás. A ellos también se les declaró herejes. Un grupo llamado nestorianos, por ejemplo, tenía unas ideas sinceramente inaceptables, pero después de que fueron excomulgados se fueron muy lejos, hasta la China, para compartir el evangelio. ¡Esto no hizo la gente que los había excomulgado! Otro grupo, los montanistas, trataron de lograr que los cristianos nominales tomaran su fe en una forma más personal. Ellos también fueron declarados herejes por sus intentos. Surgieron muchos grupos de ese tipo que luego desaparecieron en los anales de la historia. Las creencias que enseñaban algunos de ellos tenían grandes errores, pero sospecho que otros eran personas con quienes muchos cristianos de hoy se sentirían a gusto.

La primera división mayor no surgió hasta más o menos el año 1000 D.C. Las tensiones habían estado incrementándose por alrededor de 650 años entre los cristianos del extremo occidental del Mediterráneo, que hablaban latín y eran parte de la cultura romana, y aquellos de la parte oriental, cuya mayoría hablaba griego y tenía una cultura totalmente diferente. Estaban divididos por asuntos como el celibato de los sacerdotes, los tipos de imágenes que se permitían en las iglesias y la terminología específica de los credos.

La parte oriental de esa división todavía existe en el presente en la familia ortodoxa de la iglesia: ortodoxa griega, ortodoxa rusa, ortodoxa serbia y otras. Sin embargo, *nuestras* raíces están en la parte occidental, la parte romana, que conocemos como la Iglesia Católica Romana.

La iglesia romana continuó sin ningún cambio importante por aproximadamente 500 años. Desde luego, hubo muchos grupos que discrepaban con las normas romanas. Algunos de ellos tenían la aprobación de la jerarquía eclesiástica oficial y se les mantenía como parte de la organización en la forma de órdenes monásticas. A otros se les declaraba herejes, se les perseguía de manera implacable y se les destruía. Es cierto que las enseñanzas de algunos de estos "herejes" eran extremadamente contrarias a la Biblia y que era apropiado que la iglesia se opusiera a ellos, aunque, ¡quemarlos en la hoguera era un método muy extremo de hacerlo! Es muy probable que algunos de esos grupos hayan sido buenos cristianos cuyas convicciones seguían una dirección algo distinta a la del liderazgo de la iglesia gobernante. Aún así los trataban de la misma forma severa que a los demás.

Para nuestra manera de pensar actual sería inconcebible torturar y matar a la gente que está en desacuerdo con nosotros. El modo de pensar medieval, sin embargo, veía las cosas de otra manera. Muchos de la iglesia de esos días creían que, a la larga, era mejor torturar a alguien—o aun matarlo—hasta lograr que aceptara su "error" y se adaptara a la doctrina oficial. Los motivos no eran totalmente incorrectos, pero los métodos sí estaban muy equivocados.

Esos métodos estaban permitidos en la iglesia porque la iglesia romana (y la iglesia ortodoxa también, para tal efecto) era una *iglesia del estado*. Tenía una relación especial con el gobierno y estaba autorizada por éste para usar la fuerza mortal con el fin de mantener unido al rebaño. Lo irónico es que a través de los años se infiltró mucha corrupción en la iglesia misma. Algunas veces, el Papa y otros líderes de la iglesia abusaban de su inmenso poder. En el siglo XV, esos abusos estuvieron fuera de control. Fue la corrupción de la iglesia romana la que propició la siguiente división mayor de la organización, alrededor del año 1500 D.C.: la Reforma.

Es muy probable que usted haya leído cómo Martín Lutero clavó su lista de 95 "tesis" (áreas de preocupación sobre la iglesia) en la puerta principal de la iglesia en Wittenberg, Alemania. En realidad, esto no fue tan radical como parece, porque la gente de esos días usaba la puerta de la iglesia como pizarra pública de anuncios. Es probable que allí hubieran clavados también muchos otros mensajes. Pero las tesis de Lutero eran muy subversivas y causaron un gran alboroto. De hecho, Lutero fue llevado a juicio por ellas. Hubiera sido normal que lo quemaran en la hoguera y eso hubiera sido el final del asunto; sin embargo, el príncipe de Sajonia apoyaba a Lutero y le ofreció protección política. A través de los años, otros príncipes alemanes se unieron al movimiento de Lutero; algunos, inclusive, estaban preparados para iniciar una guerra por este asunto. La protección que él recibió de estos gobernantes le permitió difundir sus ideas por escrito, lo que originó que recibiera aún más apoyo popular. Por último, en gran parte gracias a la buena disposición de esos gobernantes para separarse del poder político de la iglesia romana, y al desarrollo de la imprenta portátil, la mayor parte de Alemania y Escandinavia declaró que la versión de Lutero del cristianismo era *su* iglesia del estado. De la noche a la mañana, todos los que estaban en esas áreas se convirtieron en luteranos. Muchos de ellos fueron receptivos a las ideas de Lutero y no les importaba convertirse en luteranos— ¡especialmente después de que la iglesia luterana auspiciada por el estado comenzó a quemar en la hoguera a los católicos y a otros que no eran luteranos!

Los reformadores luteranos no eran perfectos, pero se les puede dar el crédito por muchos logros significativos. Primero, redujeron el poder político de la iglesia romana. Rompieron el monopolio doctrinal que ejercía la iglesia romana sobre las mentes y las conciencias de las personas. Ellos afirmaron que la *Biblia*, en lugar de la iglesia, es la única autoridad espiritual infalible y la norma para la vida; y que la *fe* en Jesucristo es el único camino para llegar al cielo. Lutero siempre había visto a Dios como el Gran Juez y la mayor parte de su vida se había sentido aterrorizado por Él. Pero finalmente se dio cuenta que, aunque este Gran Juez toma el pecado *muy* en serio, Él nos ama y quiere derribar la barrera entre Dios y nosotros. Lutero quería enfatizar cómo la gracia de Dios, activada a través de la fe que Dios nos da, nos ofrece el perdón y la libertad de la condenación.

Para ser justos, mucha de la corrupción por la que protestaba Lutero nunca fue enseñanza católica oficial, aunque en esa época algunos asuntos tenían la bendición papal. Muchos católicos modernos se rebelarían si su iglesia intentara poner en práctica esas tácticas hoy en día.

La reforma de Lutero fue sólo el comienzo. Un francés llamado Juan Calvino vio a Dios como el Gran Rey y enfatizó su soberanía. Lo invitaron a que se trasladara a la ciudad fronteriza de Ginebra, Suiza donde sus ideas se convirtieron en un medio de vida. Una vez más esto se convirtió en un sistema de iglesia del estado, en el que la iglesia—esta vez encabezada por Calvino—tenía y aplicaba una gran influencia en la vida diaria de la ciudad. A pesar de sus dones impresionantes y de la influencia que ejercía, Calvino era un hombre notablemente humilde. Fue un gran teólogo y líder, a pesar de unos cuantos excesos. Millones de buenos cristianos siguen sus pasos en la actualidad.

La tercera rama de la Reforma pasó más o menos desapercibida para los historiadores porque nunca encontró a un príncipe o gobernante que la patrocinara. La mayor contribución que nos hicieron estas personas no fue en el área de la doctrina, como Lutero y Calvino, aunque ellos tuvieron algunas buenas ideas; estas personas eran tan radicales que rechazaban la idea de una iglesia del estado y, por consiguiente, no forzaban a las personas a unírseles. Muchos de ellos eran pacifistas que ni siquiera se defendían a sí mismos— ¡y casi todos los que pertenecían a una iglesia del estado los persiguieron en su oportunidad! ¡En la actualidad llamamos Reforma Radical a esta rama de la Reforma!

No es posible identificar a ningún fundador individual de la Reforma Radical. Fue un movimiento del pueblo. Los radicales creían que la iglesia debía ser una "iglesia de los llamados" o una "iglesia de los creyentes". Eso significaba que una persona no pertenecía a una iglesia en particular porque él o ella hubiera nacido en determinado país, que era lo que practicaban los católicos, los luteranos y los calvinistas de esa época; sino que, uno se unía a una iglesia debido a que estaba de acuerdo con sus doctrinas y prácticas. Desde luego, así es como pensamos muchos de nosotros en la actualidad. Aunque los radicales nunca estuvieron a cargo de ningún gobierno, miles de cristianos, incluyendo a muchos católicos, luteranos y calvinistas, han adoptado sus ideas. Les debemos mucho.

La última rama de la Reforma que queremos analizar es la Reforma Inglesa. Esta no se inició hasta algunos años después de que las otras ya estaban muy avanzadas. Muchos de nosotros hemos oído cómo el Rey Enrique VIII de Inglaterra quería divorciarse de su esposa pero no podía obtener el permiso del Papa. Entonces, según cuenta la historia, Enrique ignoró al Papa y comenzó su propia iglesia, la Iglesia de Inglaterra, que ahora se le llama Iglesia Anglicana fuera de Inglaterra o Iglesia Episcopal en los Estados Unidos. Debido a que Enrique estaba al mando de la nueva iglesia, más tarde se le concedió el divorcio.

Por supuesto que los motivos de Enrique eran mucho más complejos que eso. En efecto, Inglaterra había estado tan influenciada por los movimientos reformadores del resto de Europa, que estaba dispuesta a la creación de una iglesia inglesa. La Reforma Inglesa no fue sólo una casualidad política, fue una reforma auténtica; sin embargo, no fue tan completa como las otras. Una gran parte de la iglesia anglicana se refiere a sí misma como "anglo-católica", que refleja la simpatía que muchos miembros de la iglesia inglesa sienten por la iglesia romana aún en esta época.

El mundo cambió otra vez en 1703 cuando a un pastor anglicano y a su esposa les nació un bebé. El nombre de ese bebé era Juan Wesley. Se convirtió en el clérigo más importante de ese siglo. Fue un joven serio que quería hacer lo correcto y se sentía muy culpable cuando cometía un error; de hecho, parte de la razón por la que se convirtió en pastor fue porque todo el tiempo se sentía muy pecador. Pensaba que ser pastor mejoraría sus oportunidades para llegar al cielo. Hasta sirvió un par de años como misionero en los Estados Unidos— ¡para tratar de mostrarle a Dios cuánto se estaba esforzando!

Sin embargo, tuvo una experiencia notable en el barco en

el que se dirigía a los Estados Unidos. Una tormenta violenta provocó que el barco estuviera en peligro de hundirse. Wesley estaba aterrorizado. Estaba seguro de que el tiempo se le había acabado ¡y todavía no sabía si llegaría o no al cielo! Pero en ese barco había un grupo de personas llamados moravos, que eran cristianos con mentalidad misionera y raíces en la Reforma Checa que precedió aun a Lutero. También ellos habían sido influenciados por una rama muy devota del luteranismo llamada pietismo. Durante la tormenta, los moravos cantaban himnos tranquilamente mientras que los demás se dejaban llevar por el pánico. Después de que la tormenta se calmó, Wesley les preguntó cómo podían estar tan tranquilos. ¿No le tenían miedo a la muerte? En lo absoluto; ya que la muerte no es tan aterradora cuando sabes que tienes vida eterna.

Wesley se mantuvo en contacto con los moravos mientras que estuvo en los Estados Unidos y después de regresar a Inglaterra. Aprendió mucho de ellos sobre el amor y la gracia de Dios. Finalmente, alrededor de las 8:45 p.m. de una noche de mayo, Wesley encontró la seguridad que había estado buscando. Mientras visitaba una pequeña capilla de los moravos en Londres, escuchó la lectura del prefacio al comentario de Lutero sobre el libro de Romanos y "su corazón sintió una extraña calidez". Después de predicar por muchos años sobre la fe en Jesucristo para el perdón de los pecados, el mismo Juan Wesley encontró esa fe y el perdón. Esto prendió en él una llama santa que se extendió por toda Inglaterra. El Avivamiento Wesleyano, como se le llamó, tuvo una profunda influencia en Inglaterra y los Estados Unidos. Este fue el movimiento que alcanzó a la clase trabajadora—que generalmente había sido descuidada por la iglesia del estado—para Cristo. Los historiadores están de acuerdo en que cambió el curso de la historia inglesa.

Cien años después del avivamiento de Wesley las cosas habían cambiado. Muchos de sus seguidores estaban contentos con su posición "respetable" y habían perdido su celo.

La Revolución Industrial estaba en pleno desarrollo, creando las sombrías condiciones sociales que provocaron que Karl Marx escribiera El Capital—el libro que puso en movimiento el comunismo. Inglaterra, especialmente Londres, estaba llena de fábricas y de talleres de explotación laboral en los que hombres, mujeres y niños trabajaban largas horas en las peores condiciones de trabajo posibles. Un joven predicador metodista llamado William Booth se horrorizó por la miseria que había allí. Su corazón se compadeció de los borrachos y las prostitutas, los rateros y los adictos a las drogas, y se volcó a las calles para proclamar el evangelio a esas almas abandonadas. De sus esfuerzos nació el Ejército de Salvación.

Como pueden ver, el Ejército de Salvación está firmemente establecido en el curso de la historia cristiana. Somos como los demás hasta cierto punto. También somos diferentes. En los próximos capítulos examinaremos más de cerca en forma precisa cómo es que somos parecidos pero diferentes.

Preguntas para discusión:

1. ¿Qué tienen en común los salvacionistas con todos los cristianos? ¿Por qué es importante ser como los otros creyentes en ese sentido?

2. ¿Cuál es la diferencia entre el Ejército y las otras iglesias? ¿Cómo ayudan estas diferencias a que el Ejército logre sus metas específicas?

3. "Tolerancia" se describía tradicionalmente como el respeto que debemos tener por las personas y por las ideas que son diferentes a las nuestras. En años recientes la palabra se ha adaptado para querer decir que afirmamos que todas las personas y las ideas son tan buenas como las demás. ¿Cuál significado de "tolerancia" es apropiado para los cristianos?

4. ¿Qué factores podrían originar una necesidad de "reforma"?

5. ¿Qué hizo que los Reformadores Radicales fueran tan radicales?

6. Algunas personas piensan que el Ejército de Salvación no habría sido necesario si la Iglesia Metodista no hubiera estado contenta con su posición "respetable". ¿Podemos ser "respetables" y todavía ministrar a las necesidades de la sociedad? ¿Cómo?

Árbol Genealógico del Ejército de Salvación

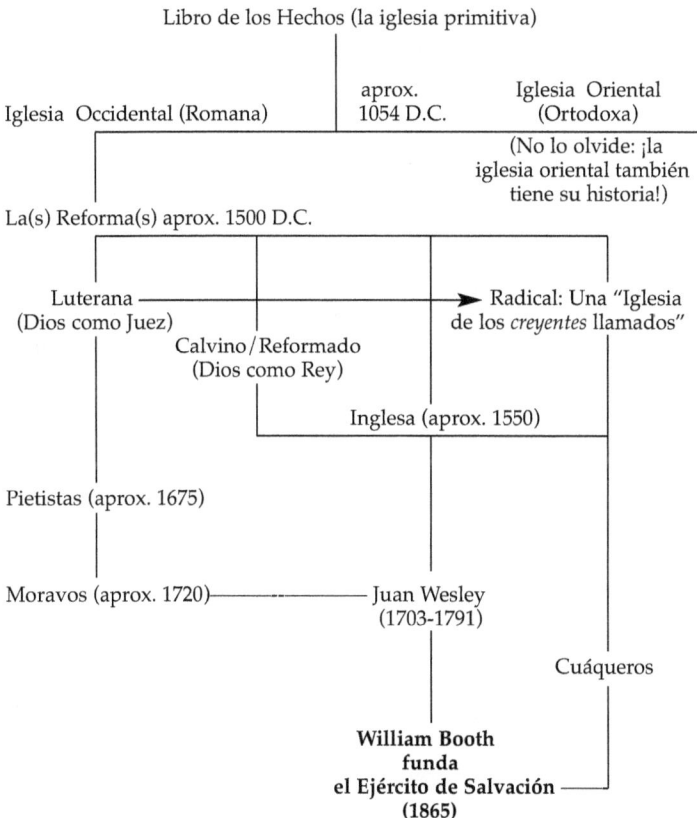

Capítulo 2

William Booth encuentra su destino

Imagínese transportado a Mile End Road en Londres a mediados del siglo XIX. Se tropieza con el cuerpo de un hombre que murió de hambre durante la noche. Las aguas residuales infestan las calles. El humo del carbón oscurece el aire. Un niño mugriento de unos seis años de edad le pide limosna mientras su hermana trata de robar su billetera. Se acerca una prostituta demacrada y el olor a ginebra le precede como un heraldo.

Este es el Londres que desató el comunismo de Karl Marx; el Londres que dio origen al Ejército de Salvación de William y Catherine Booth.

William Booth nació en Nottingham en 1829. Siendo muy joven, como era de costumbre, se le envió como aprendiz de un prestamista. Él detestaba el sufrimiento que presenciaba mientras recibía las últimas posesiones miserables de los destituidos a cambio de unos cuantos peniques que serían utilizados para comprar pan, ginebra u opio.

Booth tenía sólo 13 años cuando, inspirado por el fogoso orador cartista Feargus O'Connor, se convirtió en un entusiasta defensor de la reforma social. El cartismo fue un movimiento de reforma política que surgió frente a las tensiones de la Revolución Industrial. Reclamaba los derechos universales al voto masculino, una reorganización más democrática del Parlamento y otras reformas, muchas de las cuales parecen suaves comparadas con las normas modernas. El cartismo nunca ganó en realidad el apoyo popular que necesitaba y finalmente desapareció alrededor de 1848.

Unos cuantos años después de haberse relacionado con los cartistas, el joven William estuvo bajo la influencia del talentoso orador metodista James Caughey. Mientras que Caughey predicaba fervientemente, William, que se había convertido dos años atrás, determinó que "Dios debía poseer todo lo que William Booth era". El celo de Booth por la justicia social se unió rápidamente a su entusiasmo religioso. Muy pronto estaba no sólo predicando en las calles, sino guiando a un grupo de niños pobres y mugrientos a las bancas muy respetables de la Capilla Wesley. Ambas actividades fueron reprobadas por el sistema religioso y nuestro futuro fundador se encontró limitado. En efecto, al correr del tiempo, William enfrentaría una y otra vez nuevas serie de reglas diseñadas para restringirlo.

La pasión de Booth era la evangelización. Aunque trabajaba muchas horas al día en la casa de empeños, aprovechaba todas las oportunidades para predicar. Por fin, en 1852, pudo dejar el negocio de préstamos en definitiva cuando se le nombró predicador laico en la Capilla Metodista de Binfield Road. Tres años después, a la edad de 26 años, se casó con Catherine Mumford, que ostentaría el título de "La Madre del Ejército".

Catherine no era sólo la esposa de un pastor, en realidad se le debe considerar como la cofundadora del Ejército de Salvación. Nacida en 1829 en Ashbourne, Derbyshire, Catherine era una niña brillante con inclinaciones religiosas naturales que eran alentadas por su familia cristiana. Antes de cumplir los 12 años de edad ya había leído la Biblia de principio a fin—en voz alta—¡ocho veces! Un problema en la columna vertebral dificultó su adolescencia y la dejó relativamente inactiva y sumergida aún más en sus libros, que incluyeron muchos del campo de la doctrina y experiencia cristiana. El 15 de junio de 1846, citando a Charles Wesley anunció con alegría:

"Mi Dios, soy tuya, qué consuelo divino,
Qué bendición saber que mi Jesús es mío".

Catherine se unió a los metodistas y finalmente comenzó a asistir a la Capilla Metodista de Binfield Road. Después de algún tiempo, William Booth predicaría como invitado en Binfied Road y más tarde sería asignado para ayudar en el ministerio de la capilla. Al parecer causó una gran impresión en la joven señorita Mumford. Se casaron el 16 de junio de 1855.

Las cosas no se desarrollaron sin problemas con el sistema religioso. William se dedicaba a la predicación y Catherine a la oración, y así los Booth condujeron varias campañas de evangelización en los siguientes dos años. Éstas tuvieron mucho éxito, sin embargo, ese mismo éxito de William provocó celos en algunos de los colegas más viejos. En la Conferencia de 1857 se le retiró del trabajo de evangelización y se le asignó a un circuito (trabajo congregacional).

Booth no se sentía completamente cómodo como pastor de una congregación, sin embargo, fue a Brighouse como le ordenaron. Cuando fue ordenado en 1858, la Conferencia votó por unanimidad que después de un año adicional en el circuito William podría regresar al trabajo de avivamiento, pero la resolución final que adoptaron (tomada en un comité) registró solamente el año adicional en el circuito, sin mencionar las campañas de evangelización. William continuó pacientemente como pastor de una congregación por tres años más.

Durante este tiempo, Catherine comenzó a mostrar sus agallas. En 1859 publicó un folleto titulado "Ministerio Femenino"—¡una idea muy revolucionaria para la Inglaterra de la era victoriana! Un año después, para la sorpresa de todos, realizó su primera presentación pública. Un domingo, al finalizar la prédica de William, Catherine se levantó y caminó por el pasillo; pensando que estaba enferma, William se le acercó frente a la plataforma. "Querido, quisiera decir unas palabras", dijo ella, mientras caminaba hacia el púlpito. Después de eso, si William estaba ausente, su esposa tomaba su lugar.

En la Conferencia de Mayo, de 1861, la paciencia de los Booth había llegado a su límite. Estaban divididos entre el deseo de someterse a la autoridad de sus superiores y la convicción de que Dios los había llamado a evangelizar. Las discusiones fueron candentes y por algún tiempo pareció que a William se le permitiría reiniciar su trabajo evangelizador a tiempo completo. Finalmente se propuso un compromiso— William continuaría en el trabajo congregacional pero estaría libre para conducir tantas reuniones de evangelización como pudiera intercalar en su horario. Esta propuesta contaba con el apoyo de una abrumadora mayoría, pero era totalmente inaceptable para los Booth. Ellos ya sabían por experiencia que tal compromiso no era un compromiso en absoluto. Las exigencias de un circuito eran tan grandes que sería algo casi imposible poder intercalar en el horario las campañas de evangelización. Debido a esas circunstancias, los Booth podrían hacer campañas raras veces, o quizás ninguna en absoluto.

Durante las siguientes semanas William intentó una conciliación, pero no tuvo éxito. Por fin, el 18 de julio de 1861, envió su renuncia a la Nueva Conexión Metodista.

Los Booth trabajaron arduamente como evangelistas independientes durante los cuatro años siguientes. Catherine hizo historia en 1862 al conducir reuniones sólo para mujeres. Cerca de 2,500 mujeres asistieron a sus reuniones. Una noche de junio de 1865 William pasaba por el bar Blind Beggar. Al otro lado de la calle se llevaba a cabo una reunión de evangelización al aire libre organizada por el Comité de Servicios Especiales del Este de Londres. El público estaba compuesto en su mayoría por prostitutas, borrachos y mendigos. Cuando el líder de la reunión preguntó si alguno de los presentes deseaba hablar, William aprovechó la oportunidad. Cuando regresó a casa esa noche le anunció a Catherine: "¡Querida mía, he encontrado mi destino!"

Así fue como nació el Ejército de Salvación. No ocurrió de súbito, por supuesto. Primero, los líderes del Comité de Servicios Especiales del Este de Londres le pidieron a William que se hiciera cargo de las reuniones en carpas que se llevaban a cabo en un viejo cementerio cuáquero. Poco tiempo después se reconoció a William como el líder de la organización. Cuando los compañeros de trabajo de William empezaron a salir de los límites del este de Londres, el grupo cambió su nombre a la Misión Cristiana, bajo el liderazgo del Superintendente General William Booth. En 1878, cuando la Misión Cristiana se convirtió en el Ejército de Salvación, dejaron de utilizar el término "superintendente" y William Booth se convirtió en el primer General del Ejército.

Fue necesario un cambio final. En mayo de 1878, George Scott Railton, que había sido compañero de trabajo de los Booth por muchos años, estaba trabajando con el hijo mayor de los Booth, Bramwell, en el informe anual de la Misión Cristiana. Empezaron con una cita del Arzobispo de Canterbury de ese momento: *Creo que el único camino por el que alguna vez podremos. . .mantener la causa de nuestro Señor y Maestro, es acoger a cada voluntario que esté deseoso de ayudar a las fuerzas regulares, y armar, tanto como podamos, a toda la población para la causa de Jesucristo.* A partir de esta cita elaboraron el membrete como sigue:

LA MISIÓN CRISTIANA
bajo la superintendencia del Rev. William Booth
es un ejército de voluntarios. . .

William objetó el uso de la palabra "voluntario". Un grupo ya establecido llamado "Los Voluntarios", proclamaba que asumían el papel de protectores de la Gran Bretaña en caso de que el ejército regular no fuera capaz de hacerlo. Mientras tanto, ellos limitaban sus funciones a la derrota incondicional de ciertas jarras en los bares locales. William tachó la palabra "voluntario" y escribió encima la palabra "salvación" para que en el informe se pudiera leer ". . . es un Ejército de Salvación. . ."

El nombre se hizo popular. Los miembros empezaron a asumir los rangos y a usar uniformes, y pronto la Misión Cristiana se convirtió oficialmente en el Ejército de Salvación.

Por supuesto que hay mucho más en la historia. Si desea leer el resto de esta fascinante historia tendrá que leer algunos libros como *The General Next to God, No Discharge in This War [Siempre en Pie de Guerra], Bread for My Neighbor, Trouble Doesn't Happen Next Tuesday, The Conquest of Devil's Island,* la colección oficial *History of The Salvation Army* y otros.

Preguntas para discusión:

1. ¿Cómo y por qué es importante todavía el ministerio femenino en el Ejército?

2. La pasión de William Booth era predicar, y lo hacía cada vez que podía. ¿Cuál es el ministerio que lo apasiona a usted y que lleva a cabo cada vez que puede?

3. William Booth aprovechó la oportunidad que se le ofreció en el "Blind Beggar" y en el Comité de Servicios Especiales del Este de Londres. ¿Qué tipo de oportunidades tiene usted? ¿Las aprovecha?

4. En el tiempo de Booth había en el mundo una necesidad específica de alcanzar a los pobres y extender la mano de la gracia de Dios a las masas. ¿En qué forma y hasta qué punto existe todavía esa necesidad?

5. ¿Puede identificar las áreas de necesidad de su propia comunidad?

6. William Booth encontró su destino. ¿Ha encontrado usted el suyo?

7. ¿Cómo podría el hecho de ser miembro del Ejército de Salvación mejorar su propósito en la vida?

Parte II

Las Doctrinas

LAS DOCTRINAS DEL EJÉRCITO DE SALVACIÓN

1. Creemos que las Escrituras del Antiguo y del Nuevo Testamento fueron dadas por inspiración de Dios, y que sólo ellas constituyen la regla divina de fe y práctica cristianas.

2. Creemos que hay un solo Dios, quien es infinitamente perfecto, Creador, Preservador y Gobernador de todas las cosas, y que es a Él solo a quien se debe rendir culto religioso.

3. Creemos que la Deidad se constituye de tres personas, el Padre, el Hijo y el Espíritu Santo, indivisas en esencia, e iguales en poder y gloria.

4. Creemos que en la persona de Jesucristo se unen la naturaleza divina y humana, de manera que Él es verdadera y esencialmente Dios y verdadera y esencialmente hombre.

5. Creemos que nuestros primeros padres fueron creados en estado de inocencia, mas por haber desobedecido perdieron su pureza y felicidad y por efecto de su caída, todos los hombres han llegado a ser pecadores, totalmente corrompidos, y como tales están con justicia expuestos a la ira de Dios.

6. Creemos que el Señor Jesucristo, por sus padecimientos y muerte, ha hecho la propiciación por todo el mundo, de manera que todo el que quiera puede ser salvo.

7. Creemos que el arrepentimiento para con Dios, la fe en nuestro Señor Jesucristo y la regeneración por el Espíritu Santo, son necesarios para la salvación.

8. Creemos que somos justificados por gracia mediante la fe en nuestro Señor Jesucristo; y que el que cree tiene el testimonio de ello en sí mismo.

9. Creemos que el continuar en estado de salvación depende del ejercicio constante de la fe y obediencia a Cristo.

10. Creemos que es privilegio de todos los creyentes ser santificados "por completo" y que su ser entero, "espíritu, alma y cuerpo" puede ser guardado "irreprensible para la

venida de nuestro Señor Jesucristo" (1 Tesalonicenses 5:23, RV60).

11. Creemos en la inmortalidad del alma, en la resurrección del cuerpo, en el juicio general al fin del mundo, en la eterna felicidad de los justos y en el castigo perpetuo de los malos.

Capítulo 3

Doctrina 1
¡La B-I-B-L-I-A!
Sí, ¡Ése es el libro para mí!

P: ¿Por qué deambuló Moisés en el desierto durante 40 años?

R: ¡Porque ni siquiera en esa época se podía lograr que un hombre se detuviera y preguntara cómo llegar a un lugar!

Ese no es un mal chiste, pero no es del todo correcto. Moisés sí preguntó—¡le preguntó a Dios! Pero el pueblo no aceptó la orientación que Moisés les ofreció. Esto sugiere que hay dos maneras de que nosotros no sepamos a dónde quiere Dios que vayamos cuando *podríamos* saberlo:

1. No pedimos orientación.

2. No aceptamos la orientación que se nos da.

La orientación puede venir de muchas maneras. No tomamos decisiones a la ligera. Basamos nuestras decisiones en lo que creemos que es verdad; pero, ¿cómo sabemos qué es verdad?

Tomemos a la ciudad de Tokio, por ejemplo. La mayoría de nosotros estaría de acuerdo que ese lugar existe. Pero, ¿cómo *sabemos* que Tokio realmente existe? Cuando nos preguntan cómo sabemos que Tokio existe, por lo regular la respuesta es algo así como "lo aprendí en la escuela", o "conozco a alguien que viajó allá". En otras palabras, estamos dispuestos a aceptar la palabra de otra persona de que hay una ciudad real que se llama Tokio.

Casi todo lo que sabemos, o creemos que sabemos, depende de que aceptemos la palabra de alguien de que eso es realidad. Asumimos que la fuente es correcta. Sólo para estar seguros, podemos pedirles a muchos maestros de la escuela y viajeros que nos cuenten sobre la ciudad de Tokio. Nos sentimos más seguros si muchos expertos están de acuerdo. Hasta podríamos decidir comprar un boleto de avión y comprobarlo por nosotros mismos. Pero aún así, estamos confiando en la fiabilidad de nuestros ojos y oídos para saber la verdad.

En efecto, todo lo que "sabemos" involucra creer en algo o en alguien. Sólo por diversión trate de probar que la siguiente afirmación no es cierta: "La ciudad de Tokio no existe. La existencia de Tokio es una broma colosal hecha por el Departamento de Estado de los EE. UU. para desacreditar la productividad de la China comunista". ¿Ridículo? Desde luego. Pero ande, trate, ¡"pruebe" que no es verdad! Al final, lo único que podría decir es que los expertos a quienes usted les cree, maestros de escuela y viajeros, son más confiables que los expertos a los que usted rechaza.

Aquí hay diez expertos o fuentes de orientación posibles. Califíquelos de acuerdo a su credibilidad, siendo 1 increíble y 10 muy confiable.

    a. El periódico local   1-2-3-4-5-6-7-8-9-10

    b. Su mamá   1-2-3-4-5-6-7-8-9-10

    c. Su experiencia personal   1-2-3-4-5-6-7-8-9-10

    d. La ciencia moderna   1-2-3-4-5-6-7-8-9-10

    e. Su habilidad de razonar   1-2-3-4-5-6-7-8-9-10

    f. La Biblia   1-2-3-4-5-6-7-8-9-10

    g. La tradición   1-2-3-4-5-6-7-8-9-10

h. Sus amigos 1-2-3-4-5-6-7-8-9-10

i. Sus sentimientos 1-2-3-4-5-6-7-8-9-10

j. Personas más inteligentes que usted 1-2-3-4-5-6-7-8-9-10

Obviamente, algunas de estas autoridades son más confiables que otras. Su periódico local puede ser muy bueno, pero puede que no. Cuando mi esposa y yo comenzamos nuestro primer período de servicio en Alemania, ¡hablábamos muy poco alemán! Poco después de nuestra llegada nos dieron una copia del *Grito de Guerra* alemán en el que anunciaban nuestra llegada a ese país. Nos costó mucho trabajo leerlo y usamos un diccionario alemán-inglés para casi cada palabra para poder leer el artículo. Estuvimos muy sorprendidos al descifrar la noticia de que ¡ambos dominábamos el alemán! Nos hizo sospechar un poco del periódico, ¡de nuestro propio periódico!

Su mamá puede ser una buena fuente para alguna información, pero yo no le preguntaría a mi mamá sobre una falla en el sistema del computador. Por otro lado, un programador experimentado sería adecuado para decidir sobre algún programa de computadoras, pero dudaría en pedirle ayuda para encontrar esposa.

Hasta las experiencias personales pueden confundirnos. Si de mí dependiera, ciertamente diría que el sol da vueltas alrededor de la tierra (plana), y no de la otra forma. Y lo que *siento* respecto a algo puede ser más el resultado de mis propios prejuicios y la pizza de la noche anterior, que un reflejo de la realidad.

La Biblia es diferente. Estamos convencidos de que es una autoridad fiable simplemente porque el Autor es fiable. Nos creó, y en este contexto podemos pensar que la Biblia es algo así como el manual del propietario. Dios ha elegido las Escrituras del Antiguo y del Nuevo Testamento como el medio principal para revelarse a sí mismo a las personas. Esto significa que podemos llegar a conocer a Dios a través de la Biblia, pero si no conocemos a Dios, no podemos comprender realmente la Biblia.

Tengo un amigo que es bastante antagonista respecto al cristianismo. Ha leído toda la Biblia, pero no para conocer a Dios. En realidad se dedicó a leerla para encontrar tantos errores y contradicciones como fuera posible. Hasta escribió un pequeño libro para señalar todos los errores que había encontrado. Tengo que admitir que algunas partes de la Biblia son difíciles para comprender. Mi amigo encontró algunos pasajes que son verdaderamente problemáticos, pero mucho de lo que él pensó que era contradictorio o que estaba equivocado, era sólo porque había leído con poco cuidado. Lo que no encontró fue a Dios. No estaba buscando a Dios, y debido a que no quería encontrar a Dios, no pudo comprender la Biblia.

¿Cómo puede un libro ayudar a comprender a alguien? Permítame usar otra ilustración personal. Cuando mi esposa y yo estábamos preparándonos para servir como oficiales del Ejército de Salvación en Alemania, leímos algunos libros sobre el país con el fin de comprender mejor a los alemanes. Sin embargo, aún después de haberlos leído y de haber hablado con algunos alemanes que vivían en los Estados Unidos, todavía no comprendíamos bien al país, ni a la gente, hasta que pasamos algún tiempo viviendo allí.

Aquí hay otro ejemplo de cómo funciona este principio: Mucha gente sabe que William Himes es un salvacionista y un compositor. He tocado algo de su música y he disfrutado escuchando otras piezas. Pero no fue sino hasta que conocí a Bill y aprendí algo sobre él, su estilo personal y su sentido del humor, que realmente comencé a comprender de qué trataba su música. Al mismo tiempo, a través de su música, creo que comprendo a Bill un poco mejor.

Llegar a conocer a Dios es como eso. Él quiere que lo

conozcamos, así que se revela a sí mismo a través de la naturaleza, la historia, aun a través de nuestros sentimientos. Pero su revelación más grande es a través de su Hijo Jesús, el cual se revela a través de la Biblia. Leemos la Biblia y a través de ella comenzamos a comprender algo sobre Dios. Al comenzar a conocer a Dios comenzamos a comprender la Biblia.

Todo esto está relacionado a lo que llamamos "inspiración". Nuestra primera doctrina dice:

Creemos que las Escrituras del Antiguo y del Nuevo Testamento fueron dadas por inspiración de Dios, y que sólo ellas constituyen la regla divina de fe y práctica cristianas.

Si usted fuera Dios y quisiera decirle algo a la gente, ¿cómo lo haría? ¿Con una voz estruendosa que se escuchara desde el cielo? ¿Escribiría en las nubes? A través de los años Dios ha utilizado diferentes métodos para comunicarse con la gente. Ha hablado a través de gente devota **(Éxodo 18)**, de una voz del cielo **(Lucas 3:22)**, de un "suave murmullo" **(1 Reyes 19:12)**, de sueños **(Jueces 7:13-17)**, de "codazos" subjetivos de su Espíritu **(Hechos 16:7)**, de visiones **(Hechos 16:9)**, y de fenómenos previamente establecidos **(Números 9:15-23)**. Sin embargo, el método normal de Dios era elegir personas especiales para recibir su mensaje y pasarlo al resto de nosotros. Esto es parte de lo que queremos decir con inspiración.

La inspiración se puede dividir en dos partes. La primera es la inspiración del escritor. En **2 Pedro 1:20-21** leemos, *Ante todo, tengan muy presente que ninguna profecía de la Escritura surge de la interpretación particular de nadie. Porque la profecía no ha tenido su origen en la voluntad humana, sino que los profetas hablaron de parte de Dios, impulsados por el Espíritu Santo.*

Mire los dibujos a continuación: Dios es la fuente. La Biblia viene de Él y Él es el responsable de su contenido. Le habló a la gente especialmente escogida, llamados profetas, quienes escribieron el mensaje. Esa es la primera parte de la inspiración.

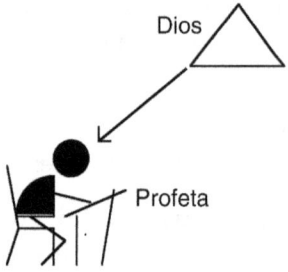

Pero hay más que sólo eso. Usted y yo leemos la Biblia, o quizás oímos a alguien predicar de ella; pero a menudo, aun así es difícil de comprender. Algo como esto:

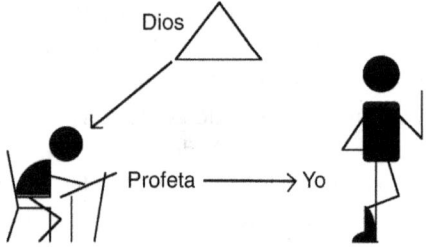

Se ve claramente que en mi dibujo falta una línea. Esta es la segunda parte de la inspiración: ¡Dios inspira al *lector* para que comprenda lo que Él ha hablado a través de los profetas! Es algo parecido a esto:

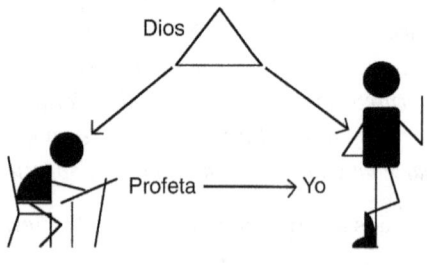

Dios hace brillar su luz sobre nosotros para eliminar nuestra ceguera espiritual; entonces podemos entender lo que está tratando de decirnos.

Permítanme darles un ejemplo de mi propia vida. Un joven alemán, estudiante de medicina, había estado resistiéndose al cristianismo por algún tiempo. Una vez me dijo que en realidad había tratado de leer la Biblia, pero la había encontrado tan aburrida que después de leer media página, simplemente se durmió. Finalmente, sin embargo, se convirtió en cristiano. ¡Qué diferencia! A las 24 horas de su conversión ya había leído todo el evangelio de Mateo y estaba muy adelantado en el libro de Marcos. De pronto, ¡la Biblia era tan interesante que no podía dejarla! ¿Qué provocó el cambio? ¡Dios le había abierto los ojos!

Desde luego, algunos piensan que la Biblia está llena de errores. Aquí hay algunas cosas que he escuchado que dicen:

1. . . . *a su paso, las montañas y las colinas prorrumpirán en gritos de júbilo y aplaudirán todos los árboles del bosque* (Isaías 55:12). Este es un error porque, ¡es evidente que los árboles no tienen manos para aplaudir, y aunque las tuvieran, no podrían aplaudir!

Respuesta: Nunca hubo la intención de que este lenguaje poético se tomara literalmente. ¿Alguna vez ha dicho algo así, "¡Esa grabadora se comió la cinta de mi cassette!"? La grabadora, ¿realmente masticó y tragó la cinta?

2. *Desde la salida del sol hasta su ocaso, sea alabado el nombre del Señor* (Salmo 113:3). Sabemos científicamente que la tierra gira alrededor del sol y no sale ni se oculta, así que este salmo está errado.

Respuesta: Usted también habla de la salida y el ocaso del sol, ¿no es así? Ya que la Biblia no es en principio un libro de texto de astronomía, puede usar "salida del sol" y "ocaso" en la misma forma en que lo hacemos la mayoría de nosotros. Se supone que la Biblia es para atraernos a Dios, no para hacer afirmaciones de astronomía.

3. Los milagros no existen, así que la Biblia debe estar equivocada.

Respuesta: ¿Cómo sabe que los milagros no existen? ¿Puede probar eso? Las Escrituras no se contradicen a sí mismas. Sólo contradicen la *opinión de usted*.

4. La Biblia contradice principios científicos claramente establecidos.

Respuesta: Muchos problemas que antes se pensaba que eran indescifrables se han resuelto con el transcurso del tiempo. Algunas veces hemos malinterpretado la Biblia y nunca hubo contradicción alguna. Otras veces los científicos han cambiado de opinión respecto a lo que verdaderamente son "principios científicos establecidos". Recuerde, todavía hay áreas en que la ciencia se contradice a sí misma. De acuerdo a los principios de aerodinámica, se supone que los abejorros no son capaces de volar, pero *lo hacen*. Eso no hace que los científicos descarten los principios de aerodinámica. Un buen científico, por lo regular, permite que las contradicciones existan hasta recopilar toda la información. Nosotros podemos hacer lo mismo.

5. Algunas veces la Biblia se contradice a sí misma.

Respuesta: Muchas de estas "contradicciones" armonizan muy bien cuando se examinan con detenimiento. Otras requieren un poco más de esfuerzo. Algunas son muy difíciles. Es apropiado tener una actitud de "esperar a ver qué pasa". Podría ser que encontremos la respuesta después, ¡en el cielo a más tardar!

Preguntas para discusión:

1. ¿Qué autoridad tiene la Biblia para usted? ¿Cómo afecta la forma en que vive?

2. ¿Qué papel juegan la Escrituras en la vida de un cristiano?

3. De acuerdo a 2 Timoteo 3:16-17, ¿cómo es útil para nosotros la Palabra de Dios?

4. ¿Cómo maneja usted las aparentes inconsistencias cuando lee la Escritura?

5. ¿Qué significa "inspiración" de acuerdo a la forma en que usamos la palabra en nuestra primera doctrina?

6. ¿Cuán consciente está usted de la inspiración del *lector* cuando lee las Escrituras?

Capítulo 4

Doctrina 2
El verdadero objeto de la adoración

Acostumbraba tener un problema con esta palabra; sabía lo que era la oración (más o menos) y sabía lo que era la alabanza, pero, ¿la adoración? Saqué mi diccionario y decía: "culto o reverencia a un ser u objeto que se considera divino". No resultó muy útil. Entonces alguien me explicó que tiene que ver con "valor". Lo que estamos haciendo, en realidad, es "valor-ación". ¿Lo ayuda?

IPienso que no.

Muy bien, trate de verlo así. ¿Cuánto vale Dios? ¿Más que su coche? ¿Más que su trabajo? ¿Más que su cónyuge o novio(a)? Entonces, ¡trátelo así! Actúe de acuerdo a lo que vale Él. Eso es "valor-ación"—o adoración. Esto es, por definición, algo que no se puede limitar a la mañana del domingo. La adoración real es una forma de vida. Usted puede, y debe, tener momentos especiales para expresar su adoración—la mañana del domingo, por ejemplo. Pero si es una adoración real, es algo que afecta cada momento de su vida.

¿Qué involucra la adoración? La Biblia puede ayudarnos en esto. ¿Qué característica de adoración encontramos en los siguientes pasajes de las Escrituras?

a. Salmo 89:7 *Dios es muy temido en la asamblea de los santos; grande y portentoso sobre cuantos lo rodean* (temor, asombro, sumo respeto).

b. Salmo 22:23 *¡Alaben al Señor los que le temen!*

¡Hónrenlo, descendientes de Jacob! ¡Venérenlo, descendientes de Israel! (Alabanza, honor, reverencia).

c. Eclesiastés 12:13 *Teme, pues, a Dios y cumple sus mandamientos porque esto es todo para el hombre* (respetar a Dios y cumplir sus mandamientos).

d. Mateo 5:16 *Hagan brillar su luz delante de todos, para que ellos puedan ver las buenas obras de ustedes y alaben al Padre que está en el cielo* (glorificar a Dios a través de las buenas obras).

e. Juan 4:24 *Dios es espíritu, y quienes lo adoran deben hacerlo en espíritu y en verdad* (adorar en espíritu y verdad).

f. Hebreos 10:22 *Acerquémonos, pues, a Dios con corazón sincero y con la plena seguridad que da la fe, interiormente purificados de una conciencia culpable y exteriormente lavados con agua pura* (compañerismo, comunión con Él).

g. Deuteronomio 10:12-13 *Y ahora, Israel, ¿qué te pide el Señor tu Dios? Simplemente que le temas y andes en todos sus caminos, que lo ames y le sirvas con todo tu corazón y con toda tu alma, y que cumplas los mandamientos y los preceptos que hoy te manda cumplir, para que te vaya bien* (obediencia, amor, servicio).

h. Miqueas 6:8 *¡Ya se te ha declarado lo que es bueno! Ya se te ha dicho lo que de ti espera el Señor: Practicar la justicia, amar la misericordia, y humillarte ante tu Dios* (justicia, misericordia, humilde obediencia).

En pocas palabras, la adoración se caracteriza por la alabanza, el respeto o reverencia, la obediencia y el servicio, y el compañerismo o comunión con Dios.

¡Eso hace que la adoración parezca un trabajo a tiempo

completo! ¡Es porque es un trabajo a tiempo completo. **Colosenses 3:17 y 23 (RV 60)** describe la adoración como un estilo de vida: *Y todo lo que hacéis, sea de palabra o de hecho, hacedlo todo en el nombre del Señor Jesús. . .Y todo lo que hagáis, hacedlo de corazón, como para el Señor y no para los hombres. . .*

La verdadera adoración requiere

1) una orientación divina. Eso significa que debemos preguntarnos regularmente, "¿Qué piensa Dios sobre este asunto?"

2) prioridades divinas: adaptar lo que es importante para nosotros de manera que esté de acuerdo con lo que es importante para Dios.

3) el deseo de someter las metas personales a la aprobación de Dios.

A la gente siempre se le ha hecho difícil el asunto de la sumisión. De hecho, han creado toda una teoría para evitarla; la llaman "evolución de la religión". Es más o menos así: en un principio, la gente creía que había un dios debajo de cada roca y árbol (panteísmo o animismo). Posteriormente, esto derivó a la creencia en unos cuantos dioses (politeísmo). Por último, la gente redujo todo esto a un solo dios creador (monoteísmo). Y aún algunos dirían que la suprema iluminación nos hace conscientes de que, en realidad, ¡no hay dios en absoluto! (ateísmo).

La Biblia nos dice algo muy diferente. **Romanos 1:18-27** describe la *verdadera* evolución de la religión:

- Cuando Dios creó a Adán y a Eva, ellos lo conocían muy bien. Él se había revelado a sí mismo a la humanidad desde el principio **(vs. 19-20)**.

- Pero glorificar a Dios no formaba parte de la agenda de la humanidad. **El versículo 21** dice, "*. . .no lo glorificaron como a Dios ni le dieron gracias, sino que se extraviaron en sus inútiles razonamientos, y se les oscureció su insensato corazón*".

Por supuesto, no podemos simplemente ignorar a Dios sin enfrentar las consecuencias. Eso debería ser evidente. Pero si limitamos a Dios a la manera en que nosotros queremos que Él sea, entonces no estamos atados a ninguna ley moral inconveniente.

- Por lo tanto, la gente rehízo a Dios (o a los dioses) a una forma más cómoda. En lugar del Todopoderoso, terminamos con dioses que podemos controlar (**vs. 22-23**). Inventamos la mentira del politeísmo, ¡y fuimos lo suficientemente tontos para creer en nuestra propia propaganda!

- Parecía una buena idea, pero fracasó. Sin la supervisión de Dios perdimos la protección que viene con ella, ¡debido a que somos nuestros peores enemigos! Dios nos permitió darle la espalda, pero eso significó que también quedáramos indefensos frente al asalto de nuestros propios deseos pecaminosos. Algunas de las consecuencias de esto se describen gráficamente en los **versículos 24-27**.

Este error—recrear a Dios a nuestra conveniencia personal—¡está de moda nuevamente! La gente de las sociedades "cristianas" de Europa y Norteamérica está aceptando todo tipo de puntos de vista del mundo no cristiano, como meditaciones orientales e ideas de la Nueva Era, prácticas que vienen directamente de la idolatría del Antiguo Testamento. ¡Hasta algunos cristianos practicantes que asisten regularmente a la iglesia no parecen ver la inconsistencia de mezclar estas religiones extrañas con su cristianismo! Esas influencias son más fuertes de lo que usted podría creer, especialmente en las sociedades que valoran la tolerancia y la diversidad. De hecho, *usted* podría haber caído bajo la influencia de religiones paganas más de lo que podría pensar. A esta tendencia de mezclar elementos extranjeros de visión del mundo con la fe se le llama "sincretismo".

A continuación puede examinar un par de ejemplos del sincretismo norteamericano contemporáneo:

1. Una amiga mía, consejera de una escuela primaria, ordenó un oso de peluche de una compañía de recursos para la educación. Se le anunciaba como una ayuda para niños con problemas porque tenía una grabadora incorporada que tocaba sonidos relajantes. Cuando llegó el oso, ella presionó el botón para iniciar la música. El oso comenzó un cántico mantra budista, una sílaba sin sentido que permite vaciar por completo la mente de la persona que medita. (¡Imagínese el alboroto si el oso recitara el Salmo 23!)

2. En una acreditada clínica para niños con dolores crónicos se invitó a un conferencista para que explicara cómo se aplicaban las técnicas de respiración, masaje y nutrición para controlar el dolor. Resultó que mucho de su adiestramiento médico venía de hombres sagrados del Himalaya. Presentó el yoga como una ciencia, y sus volantes invitaban a los presentes a un seminario sobre el karma y la reencarnación. Algo de lo que dijo este señor es verdad. Muchas madres han reducido los dolores del parto utilizando la técnica Lamaze u otros sistemas de técnicas de respiración. La nutrición adecuada es algo que se debe tomar en cuenta. Pero el conferencista ofreció a su audiencia algo más que información médica; fomentó prácticas que explicó que tenían alrededor de 3000 años de antigüedad, y que se originaban más en la filosofía religiosa de la India que en el estudio médico.

Uno de los puntos principales de estas antiguas religiones modificadas que llamamos "Nueva Era", es la idea de que Dios está en todo y que todo es parte de Dios. Hay una "chispa de lo divino" en cada uno de nosotros. De hecho, los seguidores de la Nueva Era normalmente llegarían hasta afirmar que todos somos dioses, o una parte de la "divina unidad". ¡La humanidad se convierte en el centro del universo y comienza a adorarse a sí misma! Difícilmente estaría exagerando respecto a cuán generalizada está esta influencia. Por ejemplo, si usted le preguntara a mucha gente qué es lo más importante de lo mencionado a continuación, ¿qué cree que responderían?

a. Ayudar a los demás

b. Alcanzar nuestro máximo potencial

c. Hacer lo correcto

Sospecho que muchos elegirían "b", que es una respuesta muy correcta si se están adorando a sí mismos; pero de ninguna manera lo más importante para un cristiano.

Esta es una forma de *panteísmo* que describí anteriormente en este capítulo. Fue parte de la mayoría de las religiones paganas del Mediterráneo en los tiempos de Cristo. El problema con este tipo de pensamiento es este: los cristianos siempre deben establecer una clara diferencia entre el Creador y la creación. Cristo está en el cristiano **(Colosenses 1:27)**, pero el cristiano nunca se convierte en Cristo. Debemos permitir que el Espíritu Santo reine libremente en nuestras vidas **(Juan 14:17; Romanos 8:6)**, pero eso no nos hace dioses. En el panteísmo, incluyendo esa gran variedad de creencias a las que llamamos "Nueva Era", hay muy poca o ninguna diferencia entre el Creador y la creación. Nos convertimos en dioses, y eso es idolatría.

El humanismo secular es otro buen intento del siglo XX para evitar rendirle cuentas a Dios. Este, al igual que el pensamiento de la Nueva Era, nos pide que nos pongamos (esto es la "humanidad") como el centro del universo. Pero el humanismo secular no es místico, oculto ni esotérico; es muy racional, le da a la ciencia el lugar de la suprema autoridad. A los humanistas seculares normalmente no les gusta nada que no pueda ser medido por el método científico. Esto, por supuesto, incluye a Dios, por lo que la mayoría de los humanistas seculares son ateos. ¡Muchos de nosotros hemos sido influenciados por esta forma de pensamiento más de lo que quisiéramos admitir! Por ejemplo, ¿qué es lo primero que le viene a la mente cuando:

. . . escucha que alguien ha sanado milagrosamente?

. . . alguien dice que otra persona está poseída por un demonio?

. . . alguien dice que ha tenido una visión presagiando el futuro?

La mayoría de nosotros seríamos muy escépticos. Esto no es del todo malo, por supuesto. La Biblia nos dice que . . . *no crean a cualquiera que pretenda estar inspirado por el Espíritu, sino sométanlo a prueba para ver si es de Dios, porque han salido por el mundo muchos falsos profetas* (**1 Juan 4:1**). Pero la mayoría de nosotros no somos escépticos porque sometemos a prueba a los espíritus; simplemente reflejamos la mentalidad racional, humanista y en contra de lo sobrenatural de la cultura occidental moderna.

Es muy práctico estar en contra de lo sobrenatural. Si Dios no existe, usted no tiene que ser responsable ante Él. ¡Qué conveniente! Entonces, ¿ante quién somos responsables? Dicho de otra manera, ¿a quién adoramos?

A mí. A la humanidad. En resumen, eso es humanismo secular.

¿Sabe usted por qué hay tanta habladuría sobre la evolución y la creación? Porque un racionalista/humanista no puede lidiar con la idea de un Creador. ¡Afecta por completo su visión del mundo! Por consiguiente, se ve forzado a descartar la creación como el origen del universo, debido a que la creación implica un Creador. Si se descarta la creación, el humanista tiene que tener una explicación alternativa. Hasta el momento, la evolución es su mejor alternativa, ¡aunque la evidencia científica es muy escasa! El debate y el fervor no son fundamentalmente científicos, sino ideológicos.

¿Podemos los cristianos comprobar la existencia de Dios o

el relato bíblico de la creación? Científicamente no. La ciencia no es para eso. Tratar de probar a Dios científicamente es como tratar de medir la velocidad del viento con una báscula. En su lugar, utilizamos las herramientas de la fe—las Escrituras, la razón, la experiencia y la tradición—para llegar a una conclusión fundamental: Dios *existe*. Hay un solo Dios, y nuestro Dios es el Único. Revise los siguientes pasajes de la Biblia para ver qué tipo de Dios es Él:

Génesis 1:1 *Dios, en el principio, creó los cielos y la tierra* (Creador).

Éxodo 15:18 *¡El Señor reina por siempre y para siempre!* (Soberano,¡Él está a cargo!)

Levítico 19:2 *". . . Sean santos, porque yo, el Señor su Dios, soy santo* (Santo).

Salmo 67:4 *Alégrense y canten con júbilo las naciones porque tú las gobiernas con rectitud; ¡tú guías a las naciones de la tierra!* (Soberano).

Salmo 86:5 *Tú, Señor, eres bueno y perdonador; grande es tu amor por todos los que te invocan* (Bueno y Perdonador).

Salmo 90:2 *Desde antes que nacieran los montos y que crearas la tierra y el mundo, desde los tiempos antiguos y hasta los tiempos postreros, tú eres Dios* (Eterno, Creador).

Malaquías 3:6a *Yo, el Señor, no cambio* (Inmutable).

Juan 4:24 *Dios es espíritu, y quienes lo adoran deben hacerlo en espíritu y en verdad* (Espíritu).

2 Corintios 6:18 *Yo seré un padre para ustedes, y ustedes serán mis hijos y mis hijas, dice el Señor Todopoderoso* (un Padre para nosotros).

2 Corintios 13:14 *Que la gracia del Señor Jesucristo, el* *amor de Dios y la comunión del Espíritu Santo sean con todos ustedes* (Trino, ¡Hablaremos de eso más adelante!)

Hebreos 4:13 *Ninguna cosa creada escapa a la vista de Dios. Todo está al descubierto, expuesto a los ojos de aquel a quien hemos de rendir cuentas* (Omnisciente, Él lo sabe todo).

1 Juan 4:8 *El que no ama no conoce a Dios, porque Dios es amor* (Amoroso).

¿Cómo le responde a semejante Dios? Nuestra segunda doctrina enumera algunas de estas características de Dios, y nos dice cómo responder:

Creemos que hay un solo Dios, quien es infinitamente perfecto, Creador, Preservador, y Gobernador de todas las cosas, y que es a Él sólo a quien se debe rendir culto religioso.

Él es infinitamente perfecto. Él creó todas las cosas. Él hace que todo permanezca unido. Él es quien tiene el supremo control.

La única respuesta apropiada es la *adoración*.

Preguntas para discusión:

1. Defina "adoración". ¿Por qué la necesita?

2. ¿Qué se requiere para la verdadera adoración?

3. ¿Quién es el foco de la adoración: Dios o usted? ¿Cómo se relaciona este enfoque con el tan escuchado comentario: "Ese servicio no fue nada relevante para mí"?

4. ¿En qué radica el enfoque del humanismo secu-

lar? ¿El enfoque de la "Nueva Era"? ¿Por qué son inadecuados estos enfoques?

5. ¿Por qué es importante mantener una diferencia clara entre el Creador y la creación?

6. ¿En qué forma y hasta dónde (si se aplica) puede utilizar un cristiano los conceptos de otras religiones y visiones del mundo en su adoración?

7. Si usted fuera a preguntarle a la gente cuál de las siguientes declaraciones es la más importante, ¿cómo cree que responderían? ¿Por qué? ¿Qué respondería *usted*?

    a. Ayudar a los demás
    b. Alcanzar nuestro máximo potencial
    c. Hacer lo correcto

Capítulo 5

Doctrina 3
La Trinidad:
Buena teología, malas matemáticas

Fue una experiencia extraña pero provechosa. Tuve el privilegio de guiar a toda una familia a Cristo en su propia sala. En los siguientes días ellos comenzaron a leer con ansias el evangelio de Juan. Un día sonó mi teléfono y escuché: "Hay algo que no entendemos. Cuando leemos la Biblia parece que Jesús es *Dios* o algo parecido".

Esa es la impresión que uno tiene cuando lee la Biblia, porque eso es lo que enseña la Escritura. Jesús y el Padre son uno **(Juan 10:30)**. Al leer más encontramos que el Espíritu Santo también es Dios. El Padre, Jesucristo y el Espíritu Santo son un solo Dios. Nuestra tercera doctrina lo dice así:

Creemos que la Deidad se constituye de tres personas, el Padre, el Hijo, y el Espíritu Santo, indivisas en esencia, e iguales en poder y gloria.

1+1+1=1. Esto no lo llevará muy lejos en el mundo de las matemáticas; sin embargo, es una buena teología. A este tres-en-uno lo llamamos la Trinidad de Dios. Aunque la palabra no se encuentra en la Biblia, el concepto se enseña allí claramente.

Esto no quiere decir que hay tres dioses. No significa que Dios está dividido en tres partes. No significa que Dios cambia de un personaje a otro como un actor talentoso. Se podría escribir mucho sobre lo que no es la Trinidad. Es mucho más difícil decir qué es. A continuación hay un intento un tanto intelectual:

> El audaz punto de vista cristiano sobre Dios es que Él es tres personas que existen eternamente en una naturaleza o esencia. Es decir, Él es tres personas distintas, tres centros conscientes de sí mismos en una naturaleza esencial. La unidad es tan real que fluye en las tres personas, penetrándolas, de manera que, mientras que son distintas como personas, son una en esencia, en la naturaleza fundamental que poseen las tres [J. Kenneth Grider, "The Triune God," A *Contemporary Wesleyan Theology* ("El Dios Trino", *Una Teología Weslyana Contemporánea*), ed. Charles Carter, Grand Rapids: Francis Asbury Press, 375].

¡Parece complicado porque es complicado!

No se habla mucho sobre la Trinidad en el Antiguo Testamento. Más a menudo encontramos enfatizada la unidad de Dios. El credo principal del judaísmo era, *Escucha, Israel: El Señor nuestro Dios es el único Señor* **(Deuteronomio 6:4)**. En un mundo dominado por el pensamiento pagano politeísta esta declaración clara y concisa era fundamental. El pueblo de Dios estaba rodeado de naciones que adoraban a muchos dioses, y era esencial enfatizar una y otra vez el hecho de un solo y *único* Dios. De por sí, el pueblo de Dios era seducido hacia la idolatría muy a menudo. ¡Lanzarles una idea tan compleja como la Trinidad hubiera resultado en una gran confusión!

A pesar de esto, ni siquiera el Antiguo Testamento se mantiene al margen respecto al Dios Único en Tres Personas. Por ejemplo, estas referencias a Dios están en plural:

Génesis 1:26 [Entonces Dios] *dijo, "****Hagamos*** *al ser humano a nuestra imagen y semejanza. Que tenga dominio..."*

Génesis 3:22a *Y dijo, "El ser humano ha llegado a ser*

*como uno de **nosotros**, pues tiene conocimiento del bien y del mal...*"

Génesis 11:7 *"Será mejor que **bajemos** a confundir su idioma, para que ya no se entiendan entre ellos mismos".*

Isaías 6:8a *Entonces oí la voz del Señor que decía: "¿A quién **enviaré**? ¿Quién irá por **nosotros**?"* (En este versículo Isaías cita a Dios refiriéndose a sí mismo en singular y en plural).

En el siguiente Salmo podemos ver que "palabra" representa a Jesús, la Palabra Viva de Dios, "Señor" que es Dios el Padre, y "aliento" que representa al Espíritu Santo (la palabra hebrea *ruach* puede significar ya sea aliento, espíritu o viento).

Salmo 33:6 (BA) *Por la palabra del **Señor** fueron hechos los cielos, y todo su ejército por el **aliento** de su boca.*

¿Cree usted que es pretender demasiado el decir que ésta es una referencia a la Trinidad? Quizás; pero estaría acorde con las enseñanzas del Nuevo Testamento (**Juan 1:3, Col. 1:16,** etc.) de que la creación se llevó a cabo a través de Jesús.

Las referencias al "Espíritu de Dios" son habituales en el Antiguo Testamento. Por ejemplo:

Génesis 1:2 *La tierra era un caos total, las tinieblas cubrían el abismo, y el **Espíritu** de Dios iba y venía sobre la superficie de las aguas.*

El Nuevo Testamento afirma la unidad de Dios, vea **1 Timoteo 2:5:** *Porque hay un solo **Dios** y un solo mediador entre Dios y los hombres, Jesucristo hombre...* (Si parece que Jesús es hombre y no Dios, no tenga temor: Él es ambos. Hablaremos de esto en el próximo capítulo)

La idea de la Trinidad está más marcada en el Nuevo Testamento que en el Antiguo Testamento. Por ejemplo:

Mateo 28:19 *Por tanto, vayan y hagan discípulos de todas las naciones, bautizándolos en el nombre del **Padre** y del **Hijo** y del **Espíritu Santo**.*

2 Corintios 13:14 *Que la gracia del **Señor Jesucristo**, el amor de **Dios** y la comunión del **Espíritu Santo** sean con todos ustedes.*

1 Pedro 1:2a *...según la previsión de **Dios el Padre**, mediante la obra santificadora del **Espíritu**, para obedecer a **Jesucristo** y ser redimidos por su sangre...*

Al escribirles a los tesalonicenses, Pablo habla de Dios (el Padre), el Señor (Jesús el Hijo) y el Espíritu (Santo):

2 Tesalonicenses 2:13 *Nosotros, en cambio, siempre debemos dar gracias a Dios por ustedes, hermanos amados por el **Señor**, porque desde el principio **Dios** los escogió para ser salvos, mediante la obra santificadora del **Espíritu** y la fe que tienen en la verdad.*

La evidencia que mis recientemente convertidos amigos descubrieron en el evangelio de Juan se encuentra también en otros lugares. Jesús es Dios. Combine eso con la enseñanza de que el Espíritu Santo también es divino y pronto tendrá, ya sea tres dioses, o la Trinidad. En vista de que ya hemos establecido que hay un solo Dios, eso deja sólo una posibilidad más.

Como ya lo hemos mencionado, creer en la Trinidad *no* significa que creemos que hay tres dioses. No significa que Dios está dividido en tres partes. Cada persona de la

Trinidad es un todo en sí misma. No significa que Dios pasa de un personaje a otro. Algunas personas tratan de explicar que la Trinidad es como el hombre que desempeña los roles de esposo, padre e hijo; pero la Trinidad es más que eso. Va más allá de la ilustración del estado del agua, algunas veces sólido (hielo), otras veces líquido (agua) y otras veces gaseoso (vapor). La Trinidad es Tres-en-Uno, todo al mismo tiempo.

Algunos eruditos sugieren que la confusión aparece cuando se trata de entender a Dios como una *unidad* en lugar de una *unión*. ¿Lo ayuda a usted esto? A mí no.

Una de las comparaciones más útiles para mí ocurrió en el curso de física de la universidad. Se nos dice que la luz es difícil de definir. Por un lado parece que son rayos, pero en otros experimentos actúa como ondas. Y en otras situaciones, la luz parece estar hecha de partículas *(fotones)*. Pero la luz no está hecha parcialmente de rayos, parcialmente de ondas y parcialmente de fotones. Cada aspecto es un todo, así como Dios es un todo en el Padre, en el Hijo y en el Espíritu Santo, y cada una de estas personas es Dios como un todo. El gran problema de esta ilustración de física es que ¡no es más fácil de comprender que la Trinidad!

Hace poco leí una nueva ilustración. El discurso de conclusión de la obra *The Zeal of Thy House* [*El Celo de Su Casa*], por Dorothy L. Sayers, compara la Trinidad con la creatividad misma. La humanidad, en la imagen del Dios Creativo, también es creativa. Cualquier artista trabaja en una forma trinitaria. El discurso es como sigue:

> Cada obra [*o acto*] de creación es triple, una trinidad terrestre que iguala a la celestial.
>
> Primero, [*no en el tiempo, sino solamente en orden numérico*] está la Idea Creativa, sin pasión, sin tiempo, que contempla el trabajo completo en un momento, el fin en el principio: y esta es la imagen

del Padre.

Segundo, está la Energía Creativa [*o actividad*] que nace a partir de esa idea, trabaja en el tiempo de principio a fin, con sudor y pasión, y está encarnada en los vínculos de la razón: y esta es la imagen de la Palabra.

Tercero, está el Poder Creativo, el significado del trabajo y su respuesta en el alma viva: y esta es la imagen del Espíritu que mora en nosotros.

Y estos tres son uno, cada uno igual al otro en sí mismo es un todo, de manera que ninguno puede existir sin el otro: y esta es la imagen de la Trinidad.

(Dorothy L. Sayers, "Idea, Energy, and Power," *The Mind Of The Maker* ["Idea, Energía y Poder", *La Mente del Hacedor*], Harper and Row,1987, p. 37).

Mi hija adolescente me sugirió esta comparación: 1x1x1=1.

El concepto de la Trinidad no es fácil; pero, ¿usted en realidad esperaba comprender completamente a Dios? Mi colega, el profesor de física, dijo que sólo alrededor de una docena de científicos en el mundo entero comprendían verdaderamente a Einstein. Si los científicos no pueden comprender a un colega científico, ¿por qué deberían los simples humanos preocuparse porque no comprenden a Dios? Si Él fuera lo suficientemente pequeño para que la gente lo comprendiera por completo, entonces, probablemente, no sería Dios. En realidad, para mí, el hecho de que la doctrina de la Trinidad es tan paradójica y difícil es la evidencia de que debe ser verdad. ¿Quién inventaría algo que cause tantos dolores de cabeza? La única razón para presentar tal doctrina es porque es verdad.

Pero siendo verdadera, también es una doctrina práctica, útil como una capa de base de pintura. Hace poco pintamos las habitaciones de nuestros hijos. La pintura antigua era de un tono oscuro de algún color que había estado de moda en el pasado, y nuestros hijos querían algo más claro. Si alguna vez ha pintado claro sobre oscuro, sabe que, a menudo, el oscuro se verá a través del otro color, a menos que pinte varias capas. Otra solución es poner una capa base. Ésta se mantiene en la pared como fondo, y uno no está verdaderamente consciente de que está allí. ¡Pero ayuda mucho a que la nueva pintura muestre su verdadero color!

La doctrina de la Trinidad es así. Sostiene y fortalece a otras doctrinas. Es el fundamento de algunas de las cosas que creemos. El concepto de la Trinidad se da por sentado en:

la existencia de Dios
la doctrina de la creación
la soberanía y la providencia de Dios
la encarnación de Jesús
el nacimiento virginal
la deidad de Cristo
la expiación
la deidad del Espíritu Santo
la persona del Espíritu Santo
el Espíritu Santo como el que hace funcionar la gracia.

Además de apoyar estas otras doctrinas, la doctrina de la Trinidad también nos ayuda a adorar de una forma más adecuada. Si no fuera por la Trinidad, sólo seríamos capaces de adorar al Padre, nunca al Hijo ni al Espíritu, porque eso sería idolatría. Debido a esta enseñanza, sabemos que el Padre es nuestro objeto principal de adoración, pero es el Hijo el que intercede por nosotros y el Espíritu el que nos mueve a la oración y a la adoración.

La doctrina de la Trinidad puede ser de ayuda en nuestro trabajo de evangelización. Podemos enseñar que debemos estar reconciliados con el *Padre*, pero que es el trabajo del *Hijo* en la cruz lo que lo hace posible, y el *Espíritu* es el que nos muestra nuestro pecado y nos mueve a responder a la gracia.

Una pequeña advertencia adicional: muchos cristianos están tan conscientes respecto a la Trinidad que sin querer piensan en términos de tres dioses. ¡Ese es un gran error! Sólo hay *un* Dios, pero en efecto, de alguna manera está en tres personas. Si no puede descifrarlo, no se preocupe. Esta doctrina en particular ha sido un rompecabezas para los laicos y los teólogos por siglos. ¡Está usted en buena compañía!

Son malas matemáticas. Un dolor de cabeza para comprender. Casi imposible de explicar. Sin embargo, el concepto de que **hay tres personas en la Trinidad**—el Padre, el Hijo y el Espíritu—**indivisas en esencia e iguales en poder y gloria**—nuestra tercera doctrina—es lo que los cristianos han creído por 2000 años.

Preguntas para discusión:

1. ¿Cuál ilustración de la Trinidad le parece más útil? ¿Por qué?

2. ¿Cuáles pasajes de la Escritura son los más convincentes para usted respecto a la realidad del Dios trino? ¿Por qué?

3. ¿Qué tan importante es comprender la Trinidad para ser cristiano?

4. ¿Por qué el Nuevo Testamento presenta un caso más claro del Dios trino que el Antiguo Testamento?

5. ¿Por qué es importante para nosotros enfatizar que creemos en un solo Dios (en tres personas)?

Capítulo 6

Doctrina 4
Jesús: 200%

¿Cómo sería el islam sin Mahoma?

En realidad no habría ninguna diferencia sustancial. El islam, la gran religión del medio oriente, considera a Mahoma como su gran profeta. Sin él, el islam no tendría historia, pero sus prácticas fundamentales probablemente no cambiarían.

¿Cómo sería el budismo sin Buda?

Nuevamente, la esencia de la visión budista del mundo no cambiaría básicamente. La historia de Gautama, que después de mucha búsqueda recibió la iluminación, ofrece a los budistas una explicación de su origen. Pero el budismo, al igual que todas las religiones, es un sistema de doctrinas y prácticas, y estas permanecerían iguales aún si la persona de Buda desapareciera de la historia.

¿Cómo sería el hinduismo sin Krishná?

Ya que Krishná es visto como divino, y no como el fundador del hinduismo, podría haber un pequeño cambio en la religión. ¡Podría ser un poco menos desorganizada de lo que ya es! Una vez, un misionero le pidió a un destacado hindú que definiera el término "hindú". La respuesta fue: "Una persona que se llama a sí mismo hindú". En otra ocasión, un entrevistador de películas occidentales le pidió a otro líder hindú que definiera el término. "Cualquiera que busca a Dios", fue la respuesta. "Entonces, en alguna forma, todos somos hindúes, ¿no es así?" preguntó el entrevistador. "Sí", dijo el hombre. "Todos somos hindúes".

¿Cómo sería el cristianismo sin Jesucristo?

¡Estaría extinto!

Por supuesto que he simplificado de manera excesiva estas religiones orientales. Son muy complejas, y supongo que si un budista o un hindú trataran de expresar la esencia de *mi* fe en una o dos oraciones frívolas como yo lo he hecho con las suyas, no me sentiría muy contento. Además, hay grandes diferencias entre, por ejemplo, los budistas tibetanos y los budistas zen (mayores que la brecha más grande posible entre los cristianos ortodoxos griegos por un lado y los pentecostales sudamericanos por el otro). Los musulmanes suni no son en absoluto como los sufís, y los hindúes son casi indefinibles. Pero mi punto—que confían casi por completo en enseñanzas y rituales, no en personas—se aplica a todas las diferentes variantes.

La mayor diferencia entre Jesús y los fundadores de las grandes religiones es que estas son, en esencia, sistemas de fe y práctica. El cristianismo no es principalmente una religión. Por supuesto que hay elementos religiosos en nuestra fe, pero Jesús mismo—no nuestras teorías sobre Él, ni los ritos que hemos desarrollado para expresar esas teorías—es el fundamento del cristianismo. El cristianismo es más una relación que una religión.

Esto no siempre es fácil de explicar. Cuando la Cortina de Hierro cayó en noviembre de 1989, mi esposa y yo nos encontrábamos en Munich, Alemania, no lejos de la frontera de Alemania Oriental. Por muchas semanas alojamos a alemanes orientales que habían salido para ver el oeste por primera vez. Uno de ellos era un comunista que estaba buscando una nueva ideología que llenara el vacío dejado por la desaparición del marxismo. Pasamos horas respondiendo a sus preguntas, pero él estaba buscando una ideología, no una relación con el Hijo de Dios resucitado. Para él era incomprensible la idea de desarrollar una amistad con Jesús. Nunca lo entendió.

Sin Jesús no puede haber una relación con Dios. Si no hay relación, no hay cristianismo.

Todas las religiones declaran que tratan de llevar a las personas a un poder superior. Pero Jesús lo hizo de diferente manera. En lugar de hacer que la gente fuera a Dios, Él vino a la gente en la persona de Jesús, que vino a la tierra a encontrar a la gente perdida. Pero Él fue también un ser humano genuino; por eso es que nuestra cuarta doctrina dice:

> **Creemos que en la persona de Jesucristo se unen la naturaleza divina y humana, de manera que Él es verdadera y esencialmente Dios y verdadera y esencialmente hombre.**

Las siguientes Escrituras nos enseñan este maravilloso concepto. Lea el texto y después decida si habla más sobre su naturaleza divina o sobre su naturaleza humana.

Escritura   Dios Hombre

Juan 1:1 *En el principio ya existía el Verbo, y el Verbo estaba con Dios, y el Verbo era Dios.*

Marcos 11:12 *Al día siguiente, cuando salían de Betania, Jesús tuvo hambre.*

Filipenses 3:20-21 *En cambio, nosotros somos ciudadanos del cielo, de donde anhelamos recibir al Salvador, el Señor Jesucristo. Él transformará nuestro cuerpo miserable para que sea como su cuerpo glorioso, mediante el poder con que somete a sí mismo todas las cosas.*

Colosenses 1:15-20 *Él es la imagen del Dios invisible, el primogénito de toda creación, porque*

Escritura   Dios Hombre

> *por medio de él fueron creadas todas las cosas en el cielo y en la tierra, visibles e invisibles, sean tronos, poderes, principados o autoridades: todo ha sido creado por medio de él y para él. Él es anterior a todas las cosas, que por medio de él forman un todo coherente. Él es la cabeza del cuerpo, que es la iglesia. Él es el principio, el primogénito de la resurrección, para ser en todo el primero. Porque a Dios le agradó habitar en él con toda su plenitud y, por medio de él, reconciliar consigo todas las cosas, tanto las que están en la tierra como las que están en el cielo, haciendo la paz mediante la sangre que derramó en la cruz.*

Romanos 1:3 ...*habla de su Hijo, que según la naturaleza humana era descendiente de David,*...

Hechos 2:22 *Pueblo de Israel, escuchen esto: Jesús de Nazaret fue un hombre acreditado por Dios ante ustedes con milagros, señales y prodigios, los cuales realizó Dios entre ustedes por medio de él, como bien lo saben.*

Apocalipsis 4:11 *Digno eres, Señor y Dios nuestro, de recibir la gloria, la honra y el poder, porque tú creaste todas las cosas; por tu voluntad existen y fueron creadas.*

Lucas 24:52 *Ellos, entonces, lo adoraron y luego regresaron a Jerusalén con gran alegría.*

Siempre ha sido difícil entender la doble naturaleza de Jesús, y por lo tanto, difícil de creer. A través de la historia, las personas han rechazado un lado o el otro. Algunos decían, "Jesús era Dios y ¡sólo *parecía* hombre!" Otros afirmaron, "Jesús era un hombre muy especial, elegido por Dios para un propósito especial, ¡pero era simplemente eso, un hombre!"

La doble identidad, 100% Dios y 100% humano, es muy importante por muchas razones. Es importante que Jesús sea *Dios:*

    a. para poner a Dios a nuestro alcance **(Juan 1:14)**
    b. para mostrar el amor de Dios por nosotros **(Romanos 5:8)**
    c. para pagar el precio por nuestro pecado; Dios mismo sufrió y murió por nosotros **(Filipenses 2:6-8)**
    d. para que Él (y nosotros) pueda declarar la victoria total **(Filipenses 2:9-11).**

Es importante que Jesús sea *hombre:*

    a. para que Él pueda mostrar que Dios nos comprende **(Hebreos 4:15)**
    b. para que Él pueda compartir nuestra debilidad, y derrotar al gran enemigo de la humanidad, la muerte **(Hebreos 2:14-15)**
    c. para que Él pueda servir como Sumo Sacerdote de la humanidad **(Hebreos 5:7-10)**
    d. para que Él pueda enmendar el daño cometido por Adán **(Romanos 5:17)**
    e. para ser el supremo ejemplo para nosotros **(Filipenses 2:5).**

Jesús es la solución para el problema. En el próximo capítulo aprenderemos cuál es el problema, y cómo se convirtió en problema, en primer lugar.

Preguntas para discusión:

    1. ¿En qué forma es el cristianismo una relación? ¿En qué forma es "religiosa" nuestra fe, considerando la manera en que hemos usado el término en este capítulo?

2. Si una relación con Jesús es el fundamento del cristianismo, ¿qué papel cumplen en nuestra fe los ritos religiosos (comunión, bautismo, matrimonio, ordenación, etc.)?

3. ¿Por qué es importante que Jesús sea "completamente Dios y completamente Hombre"? ¿Cuál sería la diferencia si hubiera sido Dios simplemente manifestándose como un hombre? ¿O un buen hombre que declaraba ser divino?

4. ¿Cómo le responde usted a una persona que dice creer en Dios, pero ve a Jesús sólo como un profeta o maestro?

Capítulo 7

Doctrina 5
Entonces, ¿cuál es nuestro problema?

El pecado es el problema, pero, ¿qué es exactamente el pecado?

Examine este escenario: Usted conduce de regreso a casa del trabajo. Tan pronto como entra a la casa se acuerda que debía comprar algunas cosas de regreso a casa, así que se sube al coche y conduce cinco cuadras al supermercado. Allí compra papel higiénico amarillo, un racimo de uvas frescas, dos libras de café y una lata de desodorante en aerosol. Paga por todo esto, regresa a su coche y conduce a casa.

¿Será que usted acaba de pecar?

Quizás.

La lata de aerosol y el tinte en el papel higiénico amarillo pueden ser peligrosos para el medio ambiente. El humo del coche por el innecesario trayecto definitivamente lo es. Los granos de café y las uvas pueden haber sido cosechadas por trabajadores oprimidos, así que usted puede haber ayudado a perpetrar la opresión. Nada de esto es la voluntad de Dios.

Si el pecado es hacer *cualquier cosa* que no sea la voluntad de Dios, entonces usted acaba de pecar de muchas maneras.

Esa era la definición de Juan Calvino. Él consideraba que *cualquier cosa* que hacemos, contraria a la voluntad perfecta de Dios, es pecado. Puede ser que no sepamos que es pecado, y puede que no haya ninguna otra opción razonable. No importa. Si no está de acuerdo con la voluntad perfecta de

Dios, es pecado. En la forma en que lo consideraba Calvino, la gente siempre está haciendo algo pecaminoso. No se puede evitar. Por lo tanto, el *Catecismo de Westminster*, una de las declaraciones definitivas del pensamiento calvinista o reformado, define el pecado como "cualquier falta de conformidad o trasgresión de la ley de Dios".

Martín Lutero definió el pecado casi de la misma manera. Tradicionalmente, la liturgia luterana ha incluido esta frase, "Confesamos que hemos pecado *diariamente* en pensamiento, palabra y obra..."

Tienen razón. Si usted entiende el pecado así, entonces *sí* pecamos cada día en pensamiento, palabra y obra. Pero los salvacionistas, en la tradición de John Wesley, estamos interesados ante todo en las cosas malas que hacemos *intencionalmente*. Wesley definió el pecado como "cualquier trasgresión *voluntaria* de la ley de Dios". El pecado del que no estamos conscientes, o sobre el que no tenemos control, está en una categoría diferente del pecado que cometemos voluntaria e intencionalmente. Hasta está en una categoría diferente de las cosas malas que hacemos, simplemente porque no nos hemos preocupado de examinar lo que piensa Dios de las cosas que estamos haciendo. Algunas cosas no están de acuerdo con el propósito perfecto de Dios, pero sin embargo (hasta cierto punto) son la consecuencia inevitable de vivir en una sociedad caída. No queremos llamar a eso "pecado" de la misma forma en que una trasgresión voluntaria es pecado.

Sea que use una u otra definición, el problema es el pecado. Todos tenemos en nuestro récord suficientes pecados—hasta los pecados voluntarios—como para ganar la eternidad en el infierno.

Pero alguna gente podría preguntar, ¿cómo puede Dios culparnos por ser pecadores? ¿No nos hizo Él de esta manera? Pero Él *no* nos hizo de esta manera. Lea Génesis 1:26-31. Él nos hizo...

a. a su imagen,
b. soberanos (como Él mismo) y
c. ... ¡muy buenos!

Entonces, ¿qué pasó? Encontramos la historia en **Génesis 2:16-17 y 3:1-7.**

Un amigo mío acostumbraba a llamar a esto el "Sándwich Satánico": una rebanada de mentira entre dos rebanadas de verdad. Se encuentra en el versículo 3:5:

Verdad: "... se les abrirán los ojos..."
Mentira: "...y llegarán a ser como Dios..."
Verdad: "...conocedores del bien y del mal".

La mayoría de lo que dijo la serpiente era verdad. La mentira era que Adán y Eva llegarían a ser más como Dios. Lo que ocurrió en realidad fue lo opuesto. Ya eran como Dios porque *habían* sido creados a su imagen, pero por el pecado, ellos perdieron su perfección y se convirtieron en *menos* parecidos a Dios de lo que habían sido originalmente. Satanás todavía lo hace así. Muy pocas veces nos ofrece falsedades puras, concentradas (¡Podríamos darnos cuenta del engaño!) Todavía endulza sus mentiras con el azúcar de sus medias verdades. Por ejemplo:

Media verdad #1: *¡Un Dios amoroso, misericordioso, nunca condenaría a sus hijos al infierno!*

Es verdad que Dios es amoroso y misericordioso. Es verdad también que Él no quiere que nadie vaya al infierno. ¡Jesús vino a morir en la cruz para que no tuviéramos que pasar la eternidad alejados de Dios! Pero Dios no nos obligará a ir al cielo si elegimos rechazar su oferta.

Media verdad #2: *Dios quiere que seamos ricos y saludables siempre.*

Casi, pero no totalmente verdadero. Dios quiere lo mejor para nosotros, y la salud y la riqueza a menudo son bendiciones de Dios. Pero puede ser que la salud y la riqueza no siempre sean lo mejor para nosotros. De hecho, la pobreza voluntaria por el bien del evangelio ha sido considerada una virtud en todas las épocas. Después de todo, ¡Jesús no era particularmente rico!

Satanás siempre hace que sus ofertas sean atrayentes. Siempre tenemos que elegir entre lo que Dios nos dice y lo que Satanás quiere que creamos. Eva tenía la misma opción entre: creerle a Dios o creerle a Satanás.

Eva y Adán eligieron creerle a Satanás. ¡Qué desastre! Esta decisión de creerle a Satanás y desobedecer a Dios provocó lo que llamamos la Caída. Las consecuencias de su acción incluyen la enfermedad y la muerte, y los terremotos y maremotos, y la mala hierba.

A nosotros, también, se nos confronta constantemente con la misma decisión. Entonces usted, ¿a quién decide creer? Ahora examine los resultados de la desobediencia de Adán y Eva.

1. Separación de Dios

Romanos 5:12 nos dice que el pecado de un hombre—Adán—trajo la muerte al mundo. **Apocalipsis 20:14** implica que la muerte es esencialmente la separación de Dios.

Génesis 3:8-10 nos muestra cuán inmediata fue esta separación y quién hizo la separación. Aparentemente, Dios iba al jardín a caminar con Adán y Eva, pero debido a que habían pecado, *corrieron a esconderse* de Dios, ¡no al revés! Eso es importante.

La humanidad es totalmente responsable de su separación de Dios, pero Dios asumió la responsabilidad para la reconciliación de la humanidad con Él (como veremos en el próximo capítulo).

2. La "fractura" de toda la creación

Dios había creado todo bueno. En cierto sentido, el universo entero era como el Jardín del Edén. ¡No había mala hierba antes de la Caída! Nada había de malo o dañino: no había mala hierba, ni terremotos, ni inundaciones, ni muerte. Pero cuando Adán y Eva pecaron, la creación cayó junto con ellos (**Génesis 3:17-19**).

3. La pérdida de la libertad personal de la voluntad

Lutero declaraba que él era libre para hacer cualquier cosa, ¡sólo que nada bueno! Tenía razón. Antes de la Caída, Adán y Eva eran buenos. Eran libres. Podían elegir obedecer a Dios o rechazarlo. Después de que lo rechazaron, dejaron de ser libres para elegir el bien. Ellos se volvieron "completamente corrompidos", lo que significa que ahora tenían una inclinación hacia la maldad (en efecto, en realidad tenemos cierta habilidad para tomar buenas decisiones, pero ese es el resultado de que Dios en su gracia nos protege por algún tiempo de algunas de las más desastrosas consecuencias del pecado).

4. La humanidad está "expuesta con justicia a la ira de Dios".

El pecado es un crimen que lleva a la pena de muerte. Debido a la Caída, estamos destinados al infierno—muerte eterna—a menos que permitamos que Cristo intervenga y nos rescate.

Pregunta: ¿Cómo podría un Dios amoroso castigarnos al enviarnos al infierno?

Respuesta: Hay una diferencia entre el castigo y las consecuencias de nuestras acciones. Si el capitán de un barco guiara al barco a las rocas, el barco se hundiría, se perdería la carga y mucha gente podría morir. ¿Es castigo, o el resultado lógico de las acciones del capitán? La gente fue nombrada "capitán" del buen barco de la creación (**Génesis 1:28**), ¡y lo hundieron! ¿Es eso castigo de Dios? La Biblia habla del castigo de Dios, pero mucho de lo que nosotros llamamos castigo es, en realidad, la consecuencia natural de hacer cosas destructivas.

Examine nuestra quinta doctrina:

> **Creemos que nuestros primeros padres fueron creados en estado de inocencia, mas por haber desobedecido perdieron su pureza y felicidad y por efecto de su caída, todos los hombres han llegado a ser pecadores, totalmente corrompidos, y como tales están con justicia expuestos a la ira de Dios.**

Pregunta: ¿Cómo afecta esta doctrina la forma en que vivimos?

Respuesta: Nos ayuda a entender a la gente creada a la imagen de Dios, pero la imagen está dañada, como lo que se ve en un espejo roto.

Seamos realistas. La gente no es básicamente buena. Somos pecadores. Pero hay razones para tener esperanza gracias a los esfuerzos de rescate de Jesús. Jesús es *perfectamente* bueno, por lo que, sobre esa base, ¡podemos ser optimistas!

También muestra cuánto necesitamos que Dios nos rescate de nuestro pecado. La sexta y séptima doctrinas nos dicen cómo lo hace.

Preguntas para discusión:

1. Explique dos maneras en que los cristianos pueden comprender el pecado. ¿En qué forma son válidas ambas? ¿Por qué prefieren los wesleyanos (incluyendo los salvacionistas) una de estas maneras?

2. ¿Cómo lo ha afectado a usted el "Sándwich Satánico"?

3. ¿Qué consecuencias tuvo el pecado de Adán y Eva? ¿En qué forma la gente de hoy tiene que lidiar todavía con estas consecuencias?

4. ¿Cuál es la diferencia entre el castigo divino y las consecuencias de la maldad?

5. El pecado no es un concepto popular, ¿cómo iniciaría usted una conversación sobre la desobediencia a Dios sin parecer crítico?

6. ¿Qué significa estar "totalmente corrompido"?

Capítulo 8

Doctrinas 6 y 7
Jesús al rescate
(¡A un gran costo personal!)

En mi portafolio llevo un cilindro plástico de seis pulgadas que se llama EpiPen™. Contiene antihistamínicos y otros químicos, y tiene un inyector en un extremo. Se supone que si tengo una reacción alérgica debo insertar esto en mi muslo, aun a través de la ropa si fuera necesario. Esto evitará que mi garganta se hinche y se cierre provocándome la muerte. Me mantendrá vivo el tiempo suficiente para llegar al hospital. Por lo menos, eso es lo que me han dicho. Nunca he tenido que usarlo, pero créanme, si una reacción alérgica provoca que mi garganta se hinche al punto que no pueda respirar, lo usaré.

No sé cómo trabaja.

No comprendo cómo trabajan los antihistamínicos, ni he podido descubrir cómo opera el inyector. No he visto una aguja por ninguna parte. He escuchado sobre unos productos que, de alguna manera, insertan la medicina a través de la piel. Quizás el inyector sea uno de ellos. Pero algo es cierto: Si empiezo a ponerme morado porque mi garganta se está cerrando por la hinchazón, no dudaré en usarlo, ¡ya sea que comprenda o no cómo funciona! Salvará mi vida de forma eficaz tanto en mi ignorancia como si lo comprendiera. Aunque tengo muchos deseos de ir al cielo, ¡todavía no quiero ir allá!

En caso que no se haya dado cuenta, ¡el pecado es un asesino! Lea **Romanos 6:23a**: *Porque la paga del pecado es muerte*. ¿Captó el mensaje? El pecado lo matará. Usted necesita ser rescatado.

¿Cómo esperaría que resolviera el problema un Dios amoroso y misericordioso? Hay varias posibilidades:

1. **Dios podría simplemente ignorarnos y dejar que vayamos al infierno que merecemos.** Pero eso no sería amoroso ni misericordioso.

2. **Dios podría simplemente cerrar los ojos ante nuestro pecado.** Es cierto, Dios es misericordioso y amoroso, pero también es santo. La santidad y el pecado son incompatibles, y por mucho que Él quiera ser misericordioso con nosotros, no puede permitir el pecado en su presencia, y eso quiere decir que Él no puede permitirnos (como criaturas pecadoras que somos) entrar a su cielo. Sería como tratar de admitir un cúmulo de oscuridad en la luz. No funciona. No se pueden mezclar; así que olvídese de la idea de que Dios hará caso omiso de su pecado. No lo hará. No puede hacerlo.

3. **Podría hacernos incapaces de pecar.** Podría, pero no lo hará. Lo que pretendía Dios al crearnos era que nosotros, voluntariamente, lo glorificáramos y lo amáramos. No podemos usar nuestra voluntad si nos convierte en robots o títeres. Hacernos incapaces de pecar es como una elección con un sólo candidato. Alguien le preguntó a Henry Ford por qué no le permitía a la gente elegir el color de su coche. Se dice que respondió, "Pueden elegir el color que quieran, ¡siempre y cuando sea negro!" Pero Dios decide dejarnos en libertad para elegir pecar o no. Hacerlo de otra manera haría fracasar su propósito.

4. **Dios podría asumir personalmente la responsabilidad por nuestro pecado.** Esto, por supuesto, es lo que hizo. Dios, en la persona de Jesús, personalmente pagó la deuda en la que habíamos incurrido para que pudiéramos recibir el perdón.

Perdonar es asumir la responsabilidad por el daño causado por alguien más. Por ejemplo, imagine que tiene un violín Stradivarius. Son los violines más finos que se hayan fabricado, y nadie ha sido capaz de reproducirlos jamás. Valen, literalmente, millones de dólares. Yo levanto su violín, lo dejo caer accidentalmente y se arruina. ¿Qué haría usted? ¿Exigiría que se lo pague? Eso sería lo justo. Usted tendría el derecho de reclamar el pago, pero yo no tengo un millón de dólares, y aunque lo tuviera, no le devolvería su irremplazable violín.

Podría hacer una rabieta y no hablarme nunca más. Eso sería comprensible, pero no nos ayudaría a ninguno de los dos.

Usted podría decirme que olvide el asunto y asumir usted mismo la responsabilidad por la pérdida. Usted podría actuar como si fuera el que destruyó el Stradivarius. No reclamaría el pago ni me guardaría rencor. Eso es perdonar.

Eso es exactamente lo que Dios hizo. En la persona de Jesús, Él asumió la responsabilidad por todo nuestro pecado y se hizo cargo de la consecuencia (muerte). Es por eso que Jesús fue crucificado: para pagar la penalidad por nuestra maldad.

¿Comprende usted cómo funciona esto? Aunque no lo comprenda, la muerte de Jesús en la cruz todavía puede funcionar para usted, así como mi EpiPen™ trabajará para mí en mi ignorancia. Esto no debe evitar que tratemos de comprender lo que Jesús ha hecho por nosotros. Debemos buscar en la Palabra de Dios y hacer nuestro mejor esfuerzo para comprender lo que Dios ha revelado. ¡No se preocupe si no lo comprende completamente! En efecto, Jesús murió *por usted*. Si tiene que simplemente confiar en Él, aunque no comprenda totalmente lo que Él hizo, está bien.

Examine lo que dicen las siguientes escrituras sobre la expiación que hizo Jesús por nuestro pecado.

Hebreos 9:15 *Por eso Cristo es mediador de un nuevo*

pacto, para que los llamados reciban la herencia eterna prometida, ahora que él ha muerto para liberarlos de los pecados cometidos bajo el primer pacto.

Isaías 53:4-5 *Ciertamente Él cargó con nuestras enfermedades y soportó nuestros dolores, pero nosotros lo consideramos herido, golpeado por Dios y humillado. Él fue traspasado por nuestras rebeliones, y molido por nuestras iniquidades; sobre él recayó el castigo, precio de nuestra paz, y gracias a sus heridas fuimos sanados.*

Marcos 10:45 *Porque ni aun el Hijo del hombre vino para que le sirvan, sino para servir y para dar su vida en rescate por muchos.*

Romanos 5:8 *Pero Dios demuestra su amor por nosotros en esto: en que cuando todavía éramos pecadores, Cristo murió por nosotros.*

Efesios 5:2 *Y lleven una vida de amor, así como Cristo nos amó y se entregó por nosotros como ofrenda y sacrificio fragante para Dios.*

Romanos 3:23-26 *Pues todos han pecado y están privados de la gloria de Dios, pero por su gracia son justificados gratuitamente mediante la redención que Cristo Jesús efectuó. Dios lo ofreció como un sacrificio de expiación que se recibe por la fe en su sangre, para así demostrar su justicia. Anteriormente, en su paciencia, Dios había pasado por alto los pecados; pero en el tiempo presente ha ofrecido a Jesucristo para manifestar su justicia. De este modo Dios es justo y, a la vez, el que justifica a los que tienen fe en Jesús.*

1 Corintios 5:7b *Porque Cristo, nuestro cordero pascual, ya ha sido sacrificado.*

2 Corintios 5:14-15, 21 *El amor de Cristo nos obliga, porque estamos convencidos de que uno murió por todos, y por consiguiente todos murieron. Y él murió por todos,* *para que los que viven ya no vivan para sí, sino para el que murió por ellos y fue resucitado... Al que no cometió pecado alguno, por nosotros Dios lo trató como pecador, para que en él recibiéramos la justicia de Dios.*

Exactamente, ¿qué es lo que hizo Jesús en la cruz? ¿Por qué lo hizo? ¿Cómo nos afecta ahora?

Hay muchas teorías sobre cómo nos ayuda el sacrificio de Cristo en la cruz, pero todas son *teorías*. No sabemos *cómo* funciona en realidad, ¡pero sabemos muy claramente que sí funciona! Puede salvar su vida, aun si usted no comprende cómo, por lo tanto podemos citar la sexta doctrina con confianza:

Creemos que el Señor Jesucristo, por sus padecimientos y muerte, ha hecho la propiciación por todo el mundo, de manera que todo el que quiera puede ser salvo.

Por favor tome nota que no todos aprovechan esta propiciación, pero cualquiera que quiera ("todo el que quiera") puede ser salvo. La salvación está disponible para todos, pero sólo unos cuantos son salvados en realidad. Me gusta compararlo con una cárcel llena de prisioneros políticos. Un nuevo gobierno llega al poder y abre todas las puertas. Se ofrece la libertad a todos los prisioneros. Muchos de ellos, sin embargo, rehúsan aprovechar la oferta; permanecen en sus celdas quejándose de su infortunio, ¡cuando podrían estar afuera disfrutando de su libertad!

¿Por qué hace esto la gente? Creo que es porque están "totalmente corrompidos", como lo leemos en la quinta doctrina. Por la Caída ya no somos capaces de elegir las cosas *correctas*. Sólo elegimos cosas *malas*. Pero Dios nos ha otorgado lo que John Wesley llamó "gracia anticipada", que es una gracia especial que restaura nuestro juicio moral. En **Apocalipsis 3:20,** Jesús dice: *Mira que estoy a la puerta* (quiere decir a la puerta de tu corazón y tu vida) *y llamo. Si alguno oye mi voz y abre la puerta, entraré, y cenaré con él y él conmigo.* Si usted quiere dejarlo entrar, usted tiene esa libertad ahora.

La pregunta es, ¿Cómo lo hacemos? La siguiente doctrina nos dice lo que es necesario hacer para poder abrir la puerta:

Creemos que el arrepentimiento para con Dios, la fe en nuestro Señor Jesucristo y la regeneración por el Espíritu Santo, son necesarios para la salvación.

Billy Graham, la Cruzada Estudiantil y Profesional para Cristo y muchos otros—incluyéndome a mí—han usado una figura similar a la siguiente para explicar el evangelio a miles de personas. Por favor tome nota de cómo esta presentación refleja las verdades expresadas en nuestra séptima doctrina.

En primer lugar, Dios nos creó para ser sus amigos, para tener comunión con Él.

Hombre

Dios
Misericordioso,
Amoroso,
Santo

Pero algo se ha interpuesto entre Dios y nosotros: una barrera, un abismo profundo que no se puede cruzar. Esta barrera es el *pecado,* nuestra decisión voluntaria de creerle a Satanás y desobedecer a Dios.

En su amor y misericordia, Dios desea que nos reunamos con Él. ¡Dios no quiere que nadie pase la eternidad en el infierno! Pero Él es santo, así que no podemos venir a su presencia en nuestro estado pecaminoso. Sólo podemos presentarnos ante Él si nosotros, también, somos hechos santos. Todos nuestros intentos para ser santos han fallado rotundamente, como muchas resoluciones de Año Nuevo. Por lo tanto, Dios mismo, en la persona de Jesús, pagó el precio por nuestros pecados. La cruz se convierte en un puente que cruza el abismo. El sacrificio de Jesús satisface el amor de Dios y su santidad.

Evidentemente, no todos aprovechan esta oferta. No todos cruzan este puente hacia la presencia de Dios. Hay gente en mi propia familia, gente magnífica, de lo mejor, que rehúsan esta oferta del perdón de Dios. Cuando la hermana de mi padre estaba muriendo de cáncer, él le preguntó: "Hermana, ¿no crees que ya es el momento de arreglar las cosas con el Señor?" Su respuesta fue, "Dwight, cuando llegue ese momento, ¡tú serás el primero en saberlo!" Murió dos días después.

¿Por qué se resiste la gente al amor y a la gracia de Dios? Creo que tiene que ver con las dos condiciones que debemos satisfacer. Para poder cruzar ese puente y recibir el regalo gratis de la salvación debemos:

a) arrepentirnos y
b) creer en el evangelio (**Marcos 1:15** y en otros lugares de las Escrituras).

¿Recuerdan las palabras de la séptima doctrina?

Creemos que el <u>arrepentimiento</u> para con Dios, [y] la <u>fe</u> en nuestro Señor Jesucristo...son necesarios para la salvación.

En realidad, arrepentirse significa dar la vuelta. Si está yendo por un camino y se da cuenta que está viajando en la dirección equivocada, usted da la vuelta y comienza a ir en la dirección correcta. Eso es el arrepentimiento. Usted está alejándose de Dios hacia la destrucción, y se da cuenta que eso no lo está llevando a ninguna parte, así que "da la vuelta" (arrepentimiento), voltea hacia Dios y comienza a ir en Su dirección. Por eso es que Pablo le dice a los ancianos efesios: *A judíos y a griegos les he instado a convertirse a Dios y a creer en nuestro Señor Jesús* (**Hechos 20:21**).

El arrepentimiento, que es un acto voluntario, no debe confundirse con *contrición*, que es una emoción. Muchas personas, quizás la mayoría, sienten una fuerte convicción de que están haciendo mal, y eso los lleva al arrepentimiento. Esta emoción poderosa y conmovedora es *contrición*. A menudo, la *contrición* lleva a la gente al arrepentimiento, pero este sentimiento no es arrepentimiento en sí mismo. Es posible sentirse muy conmovido emocionalmente sin apartarse realmente del pecado hacia Dios. También es posible ver la inutilidad de una vida sin Dios, y por tanto arrepentirse sin sentir primero una fuerte emoción. Por ejemplo, yo sentí una gran liberación del pecado *después* de que me arrepentí, pero experimenté muy poca emoción antes. La contrición es opcional. El arrepentimiento es obligatorio.

Las siguientes escrituras muestran que necesitamos arrepentirnos:

> **Mateo 4:17** *Desde entonces comenzó Jesús a predicar: "Arrepiéntanse, porque el reino de los cielos está cerca".*
>
> **Mateo 21:32** *Porque Juan fue enviado a ustedes a señalarles el camino de la justicia, y no le creyeron, pero los recaudadores de impuestos y las prostitutas sí le creyeron. E incluso después de ver esto, ustedes no se arrepintieron para creerle.*
>
> **Hechos 3:19-20** . . .*Arrepiéntanse y vuélvanse a Dios, a fin de que vengan tiempos de descanso de parte del Señor, enviándoles el Mesías que ya había sido preparado para ustedes, el cual es Jesús.*

Aunque señalamos el arrepentimiento y la fe como dos condiciones separadas, el arrepentimiento es en realidad parte de la fe. Sin arrepentimiento no hay una fe verdadera. En **Hechos 16:31**, por ejemplo, no se menciona el arrepentimiento, pero se implica en el contexto. Juan, que usa la palabra "fe" o "creer" más de 90 veces en su evangelio no habla de arrepentimiento ni una sola vez. Para Juan, el arrepentimiento forma parte de la fe.

Por lo tanto, ¿qué significa "fe" en la Biblia? Mire **Juan 2:24**. Jesús estaba en Jerusalén asistiendo a una fiesta y alguna gente había comenzado a creer en Él por los milagros que había realizado. Pero la Biblia dice, *Jesús no les creía porque los conocía a todos.* Esta es la misma palabra griega que por lo regular se traduce como "creer en". Cuando creemos en Jesús, le confiamos nuestra vida. Literalmente, ¡ponemos nuestra vida en sus manos! Es como el equilibrista y la carretilla. Esta encantadora historia se le atribuye al extraordinario clérigo episcopal Sam Shoemaker:

Un hombre tenía la ambición de cruzar las Cataratas del Niágara sobre una cuerda, así que comenzó a prepararse colocando una cuerda corta en su jardín, a un pie de altura del piso. Aprendió a caminar y después a correr sobre ella. Después lo hacía empujando una carretilla. Su vecino estaba siempre allí, sentado en una silla y con un té helado, observándolo practicar. Después de un tiempo, el hombre elevó la cuerda a una altura más o menos de 6 pies, y repitió el proceso. El vecino lo acompañaba tantas veces como le era posible, con su silla y su té helado.

Cuando ya había dominado la cuerda en el jardín, se dirigió hasta un prado cercado y colocó una cuerda mucho más larga. Continuó practicando, caminando a lo largo de ella, después corriendo, y después empujando la carretilla. El vecino lo acompañaba tantas veces como le era posible, con su silla y su té helado.

El gran día finalmente llegó. La cuerda se tensó sobre las Cataratas del Niágara. Se reunió una gran multitud, y entre ella estaba el vecino que vino a presenciar el gran evento. Primero, el equilibrista caminó a través del espumante abismo. Después corrió. Después empujó su carretilla y al llegar al otro lado la llenó con alrededor de 200 libras de tierra y rocas, y empujó la pesada carretilla de regreso sobre las cataratas. Su vecino lo recibió con entusiasmo al final de la cuerda.

"Amigo" le dijo, "¡eres genial! Aposté un mes de alquiler a que lo harías perfectamente."

"¿Eso hiciste?" respondió el equilibrista. "¿En realidad tenías tanta confianza en mí?"

"¡Por supuesto!" continuó enfáticamente el vecino. "Nunca he tenido duda alguna en mi mente."

"Entonces tú eres la persona correcta" dijo el equilibrista mientras vaciaba la tierra y las rocas al piso. "¡Súbete a la carretilla!"

Eso es lo que significa creer en Jesús. Ponemos nuestra vida (eterna) en sus manos y nos subimos a su carretilla.

Las siguientes escrituras ilustran algunos aspectos de creer en Jesús:

> **Juan 3:16** *Porque tanto amó Dios al mundo, que dio a su Hijo unigénito, para que todo el que cree en él no se pierda, sino que tenga vida eterna.*
>
> **Romanos 10:9-10** *Que si confiesas con tu boca que Jesús es el Señor, y crees en tu corazón que Dios lo levantó de entre los muertos, serás salvo. Porque con el corazón se cree para ser justificado, pero con la boca se confiesa para ser salvo.*
>
> **Gálatas 2:15-16a** *Nosotros, judíos de nacimiento, y no pecadores de entre los gentiles, sabiendo que el hombre no es justificado por las obras de la ley sino por la fe en Jesucristo (RV60).*
>
> **Efesios 2:8-9** *Porque por gracia ustedes han sido salvados mediante la fe; esto no procede de ustedes, sino que es el regalo de Dios, no por obras, para que nadie se jacte.*

Una cosa que no es una condición para ser cristiano es hacer "lo correcto". Acabamos de leer, "No por obras". "No. . .por las obras de la ley". Es verdad, todo el tiempo queremos que nuestra vida sea más como la de Cristo, pero ¡ustedes no limpian el pescado antes de pescarlo! Usted viene a Jesús como es, sucio, con verrugas y todo lo demás, con fe y arrepentimiento y ¡Él lo acepta, lo salva y comienza a limpiarlo!

En este punto podríamos caer en dos ideas equivocadas. La primera es esta: uno de los principios fundamentales de la Reforma Protestante es que somos salvos sólo por la fe, y nada hay que podamos hacer para ganar la salvación. Nosotros, en El Ejército de Salvación, somos protestantes y completamente afirmamos este principio. Pero ustedes podrían estar pensando, "¿Y qué respecto a esas dos condiciones para recibir este regalo? ¿Eso quiere decir que no *gano* la salvación con el arrepentimiento y la fe?" Desde luego que no. El Dr. James D. Kennedy nos proporciona una ilustración sobre un joven que hereda un millón de dólares de un tío rico, pero el tío pone ciertas condiciones. El heredero no puede beber, fumar, o casarse antes de cumplir 21 años. Así que el joven cumple, y en su cumpleaños, recibe el millón de dólares. Entonces reúne a sus amigos y les dice, "¡Miren todo el dinero que he ganado!" ¿Ganó el dinero? Por supuesto que no. Muchos han cumplido esas condiciones, y no por ello son un centavo más ricos. Ese dinero fue un regalo gratis.

Otra ilustración puede tener sentido si usted es fanático de *Viaje a las Estrellas*. Imagínese que es un romulano a la deriva en una nave vieja y destartalada, cuando lo contacta el Enterprise. "Nave Romulana: Nuestros sensores indican que sus sistemas de soporte vital están a punto de dañarse y usted está en peligro de desviarse de su curso. Desactive sus escudos y lo subiremos a bordo". Como romulano, por supuesto que, normalmente, ¡nunca haría tal cosa! Usted no confía en la Federación. Esto podría ser un truco designado para atraparlo. La condición para que lo rescate el Enterprise es que usted desactive sus escudos, pero usted no hará eso a menos que supere sus prejuicios contra la Federación (más o menos análogo a arrepentirse) y esté convencido que la tripulación del Enterprise no tiene intenciones de hacerle daño (más o menos análogo a la fe). Pero usted no gana las buenas intenciones de ellos al desactivar sus escudos; esto es algo que ellos han ofrecido libremente hacer por usted.

Las condiciones de fe y arrepentimiento no hacen que nuestra salvación sea algo menos que un regalo. Si no hubiera ninguna condición en absoluto, estaríamos en peligro de caer en la herejía del universalismo. Esta es la enseñanza falsa de que Dios va a enviar a todos al cielo sin que importe cómo vivan, si se arrepienten o no, cualquiera sea su fe. Me gustaría, verdaderamente, evitar el problemático término "condiciones", pero más aún prefiero evitar la bofetada del universalismo.

La segunda idea equivocada es esta: Ya que nada hay que podamos hacer para ganar la gracia de Dios, entonces verdaderamente no importa cómo vivimos. Está bien vivir vidas pecaminosas, ya que el amor y la gracia de Dios son suficientes para lidiar con todos nuestros pecados.

Esta es otra verdad a medias, otro ejemplo del "Sándwich Satánico". Por supuesto que Dios nos ama por sobre todas las cosas. Por supuesto que la gracia de Dios es suficiente para cubrir hasta el pecado más atroz, pero esa no es excusa para vivir en pecado después de que Jesús ha comprado nuestra libertad del pecado con su propia sangre. Si no nos convertimos en mejores personas después de recibir el perdón de Dios, entonces hay algo que anda muy mal.

Después de aceptar a Cristo debe haber un cambio evidente en la vida del nuevo creyente. Ese cambio sirve como evidencia o prueba de su fe. Eso es importante y es bíblico. Examine estas escrituras:

Santiago 2:14-19 *Hermanos míos, ¿de qué le sirve a uno alegar que tiene fe, si no tiene obras? ¿Acaso podrá salvarlo esa fe? Supongamos que un hermano o una hermana no tienen con qué vestirse y carecen del alimento diario, y uno de ustedes les dice: "Que les vaya bien; abríguense y coman hasta saciarse", pero no les da lo necesario para el cuerpo. ¿De qué servirá eso? Así también la fe por sí sola, si no tiene obras, está muerta. Sin embargo, alguien dirá: "Tú tienes fe, y yo tengo obras". Pues bien, muéstrame tu fe sin las obras, y yo te mostraré la fe por mis obras. ¿Tú crees que hay un solo Dios? ¡Magnífico! También los demonios lo creen, y tiemblan.*

Mateo 3:8 *Produzcan frutos que demuestren arrepentimiento.*

Hechos 26:20b *Les prediqué que se arrepintieran y se convirtieran a Dios, y que demostraran su arrepentimiento con sus buenas obras.*

Nunca cometa el error de pensar que puede ser "suficientemente bueno" para agradar a Dios sólo por usted mismo. Recuerde, todos somos gente caída. Todos somos pecadores por naturaleza. Debido al sacrificio de Jesús en la cruz y la gracia y la misericordia de Dios, podemos ser aceptables a Dios, pero como leemos en **Isaías 64:6,** *Todos somos como gente impura; todos nuestros actos de justicia son como trapos de inmundicia.* Nunca podremos hacer cosas buenas sin la gracia y la misericordia de Dios.

Cuando satisfacemos las dos condiciones de arrepentimiento y fe, Dios lleva a cabo su trabajo milagroso en nosotros. Nos convertimos en nuevas criaturas (**2 Corintios 5:17**). Nacemos de nuevo (**Juan 3:5-8**). O, como dice en nuestra doctrina, experimentamos regeneración por el Espíritu Santo. Y eso es lo que es realmente necesario para la salvación.

Preguntas para discusión:

1. ¿Por qué permite Dios que pequemos?

2. ¿Cómo nos separa de Dios el pecado?

3. ¿Cómo espera que responda un Dios amoroso y misericordioso a la desobediencia de sus hijos?

4. ¿Por qué tuvo que morir Cristo por nuestros pecados? ¿No podrían haberse limpiado como por arte de magia nuestras pizarras?

5. ¿Cómo le respondería a alguien que afirma que el punto de vista suyo sobre Cristo como "el único camino" es into-

lerante, porque, después de todo, "todas las religiones llevan a Dios"?

6. ¿Por qué no todos aprovechan el libre regalo del perdón?

7. ¿Cuáles son las condiciones de nuestra parte para la salvación?

8. ¿Qué quiere decir la "regeneración por el Espíritu Santo"? ¿Por qué es necesaria para nuestra salvación?

Posdata:

Si se pregunta dónde están algunas de las teorías de la expiación que se mencionan en este capítulo, aquí está el resumen. Recuerde, son teorías. La Biblia no explica cómo funciona el trabajo de expiación de Jesús en la cruz. ¡Pero podemos estar seguros de que funciona!

Teoría de la sustitución del castigo: El pecado se debe castigar. El que toma el castigo debe ser Dios (que es lo suficientemente grande para satisfacer los requerimientos de la Ley) y el hombre (que representa a la raza humana ofensora). Esto se ilustra con la historia del rey cuya madre fue descubierta quebrantando una de sus leyes. El castigo previsto la hubiera matado, pero si el rey la hubiera dejado libre, hubiera perdido credibilidad en su reino. Así que recibió él mismo los cuarenta azotes, para cumplir con la ley, mientras que al mismo tiempo se mostró misericordioso con su madre.

Teoría del sacrificio: Establece que Jesús fue el Cordero perfecto para el sacrificio, así como en el Antiguo Testamento se sacrificaba a los corderos para el perdón de los pecados. Creo que esto está al revés: los sacrificios del Antiguo Testamento se refieren al supremo sacrificio hecho por Jesús. El sacrificio de Jesús no depende de los sacrificios del Antiguo Testamento.

Teoría de la satisfacción: Esto se remonta a un hombre del siglo XI llamado Anselmo. Él decía que el pecado es un insulto al Rey Celestial. El honor del Rey debía ser satisfecho. Ahora, la gente moderna ha olvidado lo que es el honor, y nosotros, los norteamericanos, casi hemos olvidado lo que es un rey. Esto tendría mayor sentido si viviéramos en una monarquía y estuviéramos acostumbrados a los requisitos del honor del rey, o, en realidad, ¡del honor de *cualquiera!*

Expiación como teoría de la victoria: Dios cambió a su Hijo por la humanidad, que estaba cautiva por el demonio. Pero Jesús rompió el cautiverio, frustrando así los planes del demonio. Algunos lo describen en términos de pesca: la humanidad de Jesús era la carnada, su divinidad el anzuelo. Satanás tomó el anzuelo junto con la carnada y fue derrotado. Mi ilustración favorita de esto está en *Las Crónicas de Narnia: El León, La Bruja y El Ropero,* por C. S. Lewis. Si no ha leído *Narnia* todavía, ¡no sabe lo que se está perdiendo!

Teoría de la influencia moral: Estas personas dicen que la trágica muerte de Jesús en la cruz fue planeada para llevar a los pecadores al arrepentimiento y a la fe. La crucifixión no tiene un valor intrínseco ni objetivo. Sólo funciona si causa emoción en la gente. Aunque el sufrimiento de Jesús causa, en efecto, mucha emoción, esta perspectiva es demasiado limitada para ser útil. La sangre de Jesús debe causar mucho más en nosotros que sólo inspiración.

Capítulo 9

Doctrinas 8 y 9
Permaneciendo salvo

La octava doctrina del Ejército de Salvación es, básicamente, una combinación de dos versículos de la Biblia: **Efesios 2:8 y 1 Juan 5:10**.

Creemos que somos justificados por gracia mediante la fe en nuestro Señor Jesucristo, y que el que cree tiene el testimonio de ello en sí mismo.

Necesitamos examinar las palabras clave de esta doctrina una a una:

Fe: Hablamos sobre la fe en el capítulo anterior, ¿recuerdan? Si tenemos fe en Jesús, *nos encomendamos* a Él. Literalmente ponemos nuestra vida (eterna) en sus manos.

Justificación: De esto es de lo que habla la mayoría de la gente cuando se refieren a "ser salvos". Definitivamente, *no* somos "justos" (libres de la injusticia o del pecado), pero debido a que Jesús tomó nuestra culpa sobre sí mismo y la llevó a la cruz, Dios ha emitido el veredicto de "no culpable". Hemos sido absueltos, que es, más o menos, el significado de "justificados".

Gracia: Nadie merece este trato privilegiado y ahí es donde entra la gracia. La gracia es el hábito de Dios de hacer cosas buenas para nosotros—como enviar a Jesús a rescatarnos de la condenación eterna—que nunca podremos ganar o merecer. Ya nos hemos referido a la *gracia anticipada* en el capítulo anterior. Esta es la gracia que Dios nos da para permitirnos responderle, aún cuando todavía estamos revolcándonos en nuestra perversión. Esta octava doctrina, citada al inicio del capítulo, se refiere a la *gracia salvadora* que Dios nos ofrece a cada uno de nosotros para rescatarnos del pecado y de la muerte. La gracia se parece mucho a la misericordia, sólo que es mucho más que eso.

La primera parte de nuestra octava doctrina podría expresarse así: Dios nos salva misericordiosamente, aunque no lo merecemos, si respondemos a su oferta de salvación al encomendarnos nosotros mismos a Jesucristo.

La segunda parte de la doctrina dice:

...el que cree tiene el testimonio de ello en sí mismo.

¿Qué significa esto?

Simplemente quiere decir que si conoce a Jesús, usted sabe que ha sido salvado y que irá al cielo. Esta parte de la doctrina es casi una cita directa de 1 Juan 5:10 (RV60): *El que cree en el Hijo de Dios tiene el testimonio en sí mismo*. Pero hay mucha gente que no se siente muy segura de esto. Hay tres razones básicas para esta inseguridad:

1) ¡No son salvos verdaderamente!

Si estoy hablando con alguien que pudiera no conocer al Señor, por lo regular le pregunto dos cosas (tomadas de Evangelismo Explosivo) para tratar de ver en qué creen. La primera es muy simple y se refiere a este "testimonio" del que estamos hablando: "Si usted fuese a morir esta noche, ¿está seguro de que despertaría en el cielo?" La mayoría de la gente *no* lo sabe. Normalmente contestan con algo así como: "¡Bueno, *espero* despertar en el cielo!" Mucha de esta gente está esperando en vano porque todavía no se han apartado de sus pecados y no están confiando en Jesús para su salvación.

Es posible que usted *piense* que va a ir al cielo cuando pudiera ser que no suceda así. Pero eso no es una seguridad, ¡es una *suposición!* La gente *presupone* el amor y la misericordia de Dios sin siquiera cumplir con los requisitos del arrepentimiento y la fe.

Otra razón por la que le falta seguridad a la gente es:

2) Porque han "retrogradado".

Esto significa que están viviendo en plena rebeldía contra Dios. Son creyentes y saben lo que Dios espera de ellos, pero eligen hacer algo completamente diferente. Esta desobediencia tiene el efecto inevitable de hacer que se sientan inseguros de su salvación. Saben que si fueran a ser enjuiciados en este momento, tendrían que responder a algunas preguntas muy vergonzosas. En realidad, esta inseguridad es algo bueno. Podría dar como resultado que la persona se arrepienta y regrese a la fe obediente a Cristo. Como wesleyanos, creemos que en efecto la rebelión flagrante, intencional, contra Dios ¡puede resultar en la pérdida de nuestra recompensa eterna! (Más sobre esto en un momento)

3) ¡No se *atreven a creer* que en realidad son salvos!

Esto es muy extraño. Algunas personas han dejado su antigua manera de vivir; se han dado cuenta que sólo Jesús, a través de su sacrificio en la cruz, puede salvarlos. Hasta confían en que Él los salvará, pero ¡no se sienten seguros en absoluto sobre la salvación! Si usted cree que Jesús puede rescatarlo del pecado y la muerte, ¿por qué no relajarse y dejar que Él lo haga?

En contraste con los miembros de los cultos y religiones no cristianas, nosotros *podemos saber* que somos salvos y que vamos al cielo. Hay muchas formas de saberlo:

1) El testimonio interior del Espíritu.

A esto es a lo que se refiere **1 Juan 5:10**. Pablo lo apoya en **Romanos 8:16**: *El Espíritu mismo le asegura a nuestro espíritu que somos hijos de Dios.* Hay *algo* subjetivo que sentimos dentro de nosotros.

Mi buen amigo Burghardt Bargel (que está ahora con nuestro Señor) era una de las personas más piadosas que haya conocido jamás. El viejo sargento primero que lo llevó a Cristo, sabiamente le dijo que estaba contento que Bargel hubiera orado para recibir a Cristo, pero que él (el sargento primero) no le iba a decir que era un hijo de Dios. El Espíritu Santo se lo comunicaría personalmente. Mientras caminaba a su casa ese día, Bargel se preguntaba cómo haría eso el Espíritu Santo. Esa noche escuchó en voz alta que Dios le decía, "Tú eres mi hijo".

Este tipo de cosas no le suceden a todo el mundo. De hecho, nunca he escuchado que le pasara a alguien más. Lo principal es que: ¡Dios nos lo hace saber!

2) La promesa de Dios.

Dios nos ha dicho lo que debemos hacer para ser salvos: arrepentirnos y creer. ¡Él ha hecho el resto! **1 Juan 5:11-13** lo expresa claramente: *Y el testimonio es éste; que Dios nos ha dado vida eterna, y esa vida está en su Hijo. El que tiene al Hijo, tiene la vida; el que no tiene al Hijo de Dios, no tiene la vida. Les escribo estas cosas a ustedes que creen en el nombre del Hijo de Dios, para que sepan que tienen vida eterna.* ¡Esto es muy directo! Sin embargo, hay algunos grupos marginales que no creen que uno pueda saber con seguridad que ha sido salvado. Ellos tienen problemas con este versículo.

3) El testimonio de una vida cambiada.

"Conversión" significa cambio. Un amigo me dijo enfáticamente, "La esencia de la conversión es el cambio". Él estaba convencido de que si uno no cambia, no se ha convertido verdaderamente. Él tenía razón. Si usted se "encomienda a Jesús", ¿sería mucho esperar que Él haga algunas mejoras en usted? Si usted no las necesita, ¡usted ya es perfecto!, pero si usted no es perfecto, ¡entonces debería estar mejorando!

Sin embargo, si usted no está interesado en los planes de Dios para su perfeccionamiento, usted está viviendo en mucho riesgo. Ese es el punto de la novena doctrina:

Creemos que el continuar en estado de salvación depende del ejercicio constante de la fe y obediencia a Cristo.

No todos los cristianos creen esto. Toda una rama de la iglesia cree "una vez salvo, siempre salvo". Estos son hermanos y hermanas sinceros que basan sus conclusiones en las Escrituras y en un profundo respeto por la soberanía de Dios. Hasta tiene algún sentido. Me resulta difícil entender cómo alguien puede saborear la dulzura de una vida con Jesús y después abandonarla.

Pero este tipo de cosas suceden.

Un seminarista le preguntó a uno de sus profesores si él creía en la "eterna seguridad del creyente", que es una forma más educada de referirse a "una vez salvo, siempre salvo". El profesor replicó, "Sí, creo en la eterna seguridad del creyente, ¡pero *sólo* del *creyente!*" Ése es el punto. Nos convertimos en cristianos, "creyentes", cuando nos arrepentimos y le confiamos nuestra vida a Jesús con fe. De manera voluntaria lo invitamos a entrar en nuestros corazones y vidas, y ser nuestro amigo personal y nuestro Rey. También podemos dejar de creer. ¡Podemos sacar a patadas a Jesús!

Mi padre me contó sobre un alcohólico que había aceptado a Cristo a través del programa de rehabilitación de adultos del Ejército de Salvación. El hombre recibió el perdón por sus pecados y su vida cambió completamente. Con el tiempo llegó a ser un oficial del Ejército de Salvación. Entonces, una mañana, su esposa se despertó y encontró que se había ido.

Había dejado una nota en su almohada que decía, "Me gusta más mi vida anterior".

Esto me resulta inimaginable. ¿Cómo puede alguien, que ha "probado y visto que el Señor es bueno" darle la espalda al Salvador? Tenemos la espantosa libertad de darle la espalda a Dios, y alguna gente hace precisamente eso.

Este es un asunto muy controversial. Los cristianos de opiniones opuestas han discutido este asunto por mucho tiempo. Normalmente, sin embargo, elijo no unirme al debate. No creo que sea gran cosa. Mientras sea creyente, yo *tengo* seguridad eterna, exactamente como lo dicen mis amigos calvinistas. No tengo compulsión alguna de persuadirlos de mi perspectiva. . .a menos que profesen ser cristianos y evidentemente *no* estén viviendo una "continua fe y obediencia a Cristo".

La advertencia en **Hebreos 10:26-27** es demasiado gráfica para que sea ignorada: *Si después de recibir el conocimiento de la verdad pecamos obstinadamente, ya no hay sacrificio por los pecados. Sólo queda una terrible expectativa de juicio, el fuego ardiente que ha de devorar a los enemigos de Dios.* El resto del pasaje es aún más tajante y muestra que esta es la máxima blasfemia, y que Dios no permitirá que quede impune.

No tengo intención de infundirle temor a usted. Permítame aclarar lo que la Biblia *no* dice aquí.

1) Esto no significa que perdemos nuestra salvación cada vez que pecamos después de llegar a ser cristianos. He conocido a personas que pensaron que tenían que ser salvados otra vez—muchas veces—porque habían caído muchas veces. Vivían atemorizados de que si morían durante uno de esos períodos entre el pecado y la reconversión irían al infierno. Vamos, ¡anímese! Eso no es, en absoluto, lo que Dios quiere decir. La Biblia dice "si. . .*pecamos obstinadamente,*. . . "Este tipo de pecado no es algo que sucede de la noche a la mañana, pero si insiste en ignorar y desobedecer a Dios, una y otra vez, entonces uno de estos días se encontrará con que está completamente solo. El Espíritu de Dios lo habrá abandonado. Usted no tendrá esperanza. Y debido a que ha rechazado la gracia de Dios, probablemente ni siquiera sabrá realmente qué ha sucedido.

No sé cuánto tiempo tome esto, si es que usted puede pecar deliberadamente tres veces o tres millones de veces. Aunque nuestro Padre Celestial tiene un amor infinito y una paciencia casi infinita, llegará el momento en que Él ya se habrá hartado.

No queremos desequilibrar esto y cargar el extremo en una dirección. Dar por sentada la bondad de Dios es la cosa más peligrosa que alguien pueda hacer. Decir, "¿Qué importa si me excedo un poquito de los límites de lo que es correcto? ¡Siempre puedo pedirle a Dios que me perdone!, es la peor tontería. ¡Es una blasfemia! Leemos en **Gálatas 6:7-8a** *No se engañen: de Dios nadie se burla. Cada uno cosecha lo que siembra. El que siembra para agradar a su naturaleza pecaminosa, de esa misma naturaleza cosechará destrucción.*

Por otro lado, yo mismo pasé por una época de rebelión cuando estaba en la universidad. Había aceptado a Cristo antes de la adolescencia. Durante mis años de adolescencia fui un testigo ferviente con mis amigos y compañeros, pero alrededor del tiempo en que cumplí 20 años, decidí tomarme un descanso en cuanto a obedecer a Dios. "Pequé continua y deliberadamente" alrededor de un año, antes de que resolviera las cosas con Dios. Racionalizaba todo minuciosamente, convenciéndome a mí mismo que lo que estaba haciendo realmente no era tan malo, pero dentro de mí sabía que no era así. Y al final de ese tiempo, Dios me recibió de nuevo y me perdonó. Así que, ¿cuánto tiempo tendría que haber mantenido mi actitud para que Dios me desconociera? No tengo idea. Tampoco quiero saberlo.

2) ¡Esto es algo por lo que no tenemos que pasar! La décima doctrina, que estudiaremos más a fondo en el próximo capítulo, dice:

Creemos que es privilegio de todos los creyentes ser santificados "por completo" y que su ser entero, "espíritu, alma y cuerpo", puede ser guardado "irreprensible para la venida de nuestro Señor Jesucristo" (1 Tesalonicenses 5:23).

¡No tenemos que pecar en absoluto! Para estar seguros, **1 Corintios 10:12** nos advierte sobre sentirnos demasiado seguros: *Si alguien piensa que está firme, tenga cuidado de no caer.* Pero el **versículo 13** dice que Dios nos ayudará a no caer: *Ustedes no han sufrido ninguna tentación que no sea común al género humano. Pero Dios es fiel, y no permitirá que ustedes sean tentados más allá de lo que puedan aguantar. Más bien, cuando llegue la tentación, él les dará también una salida a fin de que puedan resistir.*

Visualice esto como estar en una habitación con un león. La tentación es el león, que se le acerca lentamente. Usted retrocede hasta que está contra la pared, ni por un momento le quita los ojos de encima al león, temeroso de que lo atacará. Pero mientras que presiona su espalda contra la pared sus manos encuentran la perilla de una puerta. ¡Hay un medio para escapar! ¿Qué hace usted?

    a) Usted saborea la tentación un poco más, ¡y probablemente el león lo ataca!

    b) Usted gira la perilla inmediatamente, abre la puerta y ¡sale de allí!

Verá, tenemos alguna responsabilidad en evitar el pecado. Si tiene una debilidad, ¡evite exponerse a ella! Tengo un amigo que se involucró con una mujer casada que estaba separada de su esposo. Sabía lo que decía la Biblia sobre la relación. Sabía que era adulterio. Pero a él le gustaba mucho la mujer y no quería perder su amistad, así que no quería romper la relación por completo. Una vez me dijo, quejándose, "¿Por qué no podemos tener una relación de amistad normal sin que siempre llegue a lo físico?" a lo que yo me sentí obligado a contestar, "Quizás te ayudaría si no la recibieras a solas en tu casa. Podría ayudar que limitaras tus contactos a lugares públicos como la iglesia o un restaurante. ¿Qué esperas cuando te colocas en situaciones como ésas?" Todos enfrentamos tentaciones. La tentación no es pecado, sucumbir a la tentación sí lo es. Tenemos que luchar. *Resistan al Diablo y él huirá de ustedes* (**Santiago 4:7b**). O, como dijo Martín Lutero, "No puedes evitar que los pájaros vuelen sobre tu cabeza, pero sí puedes evitar que hagan un nido en ella".

La mejor defensa contra la tentación es una buena ofensiva. Conoce mejor a Jesús. Algunos de los aspectos de ello están ilustrados en las siguientes Escrituras.

Mateo 26:41 *Estén alerta y oren para que no caigan en tentación. El espíritu está dispuesto, pero el cuerpo es débil.*

2 Pedro 3:18a *Más bien crezcan en la gracia y el conocimiento de nuestro Señor y Salvador Jesucristo.*

2 Timoteo 2:15 *Esfuérzate por presentarte a Dios aprobado, como obrero que no tiene de qué avergonzarse y que interpreta rectamente la palabra de verdad.*

Efesios 6:11 *Pónganse toda la armadura de Dios para que puedan hacer frente a las artimañas del diablo.*

Romanos 12:1-2 *Por lo tanto, hermanos, tomando en cuenta la misericordia de Dios, les ruego que cada uno de ustedes, en adoración espiritual, ofrezca su cuerpo como sacrificio vivo, santo y agradable a Dios. No se amolden al mundo actual, sino sean transformados mediante la renovación de su mente. Así podrán comprobar cuál es la voluntad de Dios, buena, agradable y perfecta.*

Romanos 12:9 *El amor debe ser sincero. Aborrezcan el mal; aférrense al bien.*

Filipenses 4:8 *Por ultimo, hermanos, consideren bien todo lo verdadero, todo lo respetable, todo lo justo, todo lo puro, todo lo amable, todo lo digno de admiración, en fin, todo lo que sea excelente o merezca elogio.*

La forma más sencilla de resumir todo esto es: Debemos estar tan llenos del Espíritu de Jesús que no haya espacio para ningún otro espíritu. Este es, muy oportunamente, el tópico de nuestra décima doctrina que examinaremos en el próximo capítulo.

Preguntas para discusión:

1. ¿Qué es la "gracia"? ¿Qué es la "gracia anticipada"? ¿Qué es la "gracia salvadora"?

2. ¿Cómo sabe usted si realmente es cristiano?

3. ¿Por qué hay tanta gente que no está segura de su salvación?

4. ¿Cuáles son las tres formas en que Dios nos comunica que hemos sido salvados y que nuestro destino es el cielo?

5. Como cristianos, ¿qué responsabilidad tenemos de evitar el pecado? ¿Podemos continuar pecando obstinadamente y todavía encontrar el perdón?

6. ¿Qué defensa tenemos contra la tentación?

7. ¿Es posible perder la salvación? ¿Cómo?

Capítulo 10

Doctrina 10
Amor perfecto

> Aunque deseo hacer lo bueno, no soy capaz de hacerlo. De hecho, no hago el bien que quiero, sino el mal que no quiero.
>
> Romanos 7:18b-19

¿Alguna vez se ha sentido así? Usted es cristiano. Usted en realidad quisiera vivir una vida mejor; pero cuando algo o alguien toca su debilidad específica, se deja vencer. Puede ser comer en exceso. Puede tener que ver con dinero, o sexo, o algo único para usted. Lo que sea, usted parece no poder resistirlo.

El apóstol Pablo lo entendía perfectamente, como lo hemos apreciado en el texto de las Escrituras que mencionamos anteriormente. Yo lo comprendo. Todos hemos pasado por eso. Pero las buenas nuevas son que no tenemos que ser enclenques espirituales. ¡Dios nos ofrece una vida victoriosa sobre el pecado! Él quiere que vivamos vidas santas, como nos lo dice una y otra vez en la Biblia:

> **Mateo 5:48** *Sean <u>perfectos</u>, por lo tanto, así como su Padre Celestial es perfecto.*
>
> **1 Corintios 1:8** *Él los mantendrá firmes hasta el fin, para que sean <u>irreprochables</u> en el día de nuestro Señor Jesucristo.*
>
> **1 Tesalonicenses 3:12-13** (RV60) *Y el Señor os haga crecer y abundar en amor unos para con otros y para con todos, como también lo hacemos nosotros para con*

vosotros, para que sean afirmados vuestros corazones, <u>irreprensibles</u> en <u>santidad</u> delante de Dios nuestro Padre, en la venida de nuestro Señor Jesucristo con todos sus santos.

1 Tesalonicenses 4:3a *La voluntad de Dios es que sean <u>santificados</u>.*

2 Tesalonicenses 2:13b *. . .desde el principio Dios los escogió para ser salvos, mediante la <u>obra santificadora</u> del Espíritu y la fe que tienen en la verdad.*

2 Timoteo 3:17 *. . .a fin de que el siervo de Dios esté enteramente <u>capacitado para toda buena obra</u>.*

1 Timoteo 1:5 *Debes hacerlo así, para que el <u>amor</u> brote de un <u>corazón limpio</u>, de una <u>buena conciencia</u> y de una fe sincera.*

Ese es el punto de la décima doctrina:

Creemos que es privilegio de todos los creyentes ser santificados "por completo" y que su ser entero, "espíritu, alma y cuerpo", puede ser guardado "irreprensible para la venida de nuestro Señor Jesucristo" (1 Tesalonicenses 5:23).

En otras palabras, podemos tener una santificación total. O santidad. O salvación total. O la segunda bendición. O perfección cristiana. O amor perfecto. O la bendición de un corazón limpio. O, probablemente, algunos nombres más. Pero, exactamente, ¿qué es?

La definición clásica de una sola oración dice así: "La santificación total es el regalo de Dios que permite que un cristiano viva día a día sin pecar intencionadamente". Esto nos libera del predicamento descrito por Pablo en el capítulo siete de Romanos. No tenemos que pecar en pensamiento, palabra u obra.

No hay una gran diferencia teológica entre lo que ocurre cuando usted acepta a Cristo y aquello a lo que los salvacionistas nos hemos referido tradicionalmente como "la segunda bendición". Es remotamente posible que cuando usted aceptó a Cristo también se sintió santificado por completo. Las dos en realidad pertenecen juntas, y no se puede dibujar una línea clara que pueda separarlas. La mayoría de nosotros, sin embargo, no podemos lidiar con todas las implicaciones de la salvación a la vez. Por eso es que parece que el todo son dos eventos separados.

Quizás ayudaría una ilustración. ¿Alguna vez se ha mudado a una casa nueva? Mientras que la casa todavía está vacía, usted decide quién va a estar en cuál dormitorio, dónde quiere poner el sillón, si podrá vivir con el empapelado de la pared del pasillo. Entonces se muda, arregla los muebles y cuelga los cuadros en las paredes. Pero después de vivir en la casa unos cuantos meses, usted se da cuenta que su primera impresión estaba un poco fuera de lugar, y reacomoda todo. Toma algo de tiempo adaptarse a la mudanza y conocer el potencial de la nueva casa.

Algo similar les ocurre a menudo a los nuevos cristianos. En mi caso, acepté a Jesús como mi Salvador cuando tenía alrededor de 12 años de edad. Esa experiencia cambió mi vida aun a esa temprana edad. Aunque mucha gente podría haberme descrito como un chico muy decente antes de que aceptara a Cristo, yo era en realidad muy egocéntrico. Mi conversión originó que quisiera vivir para Jesús. En otras palabras, me volví "cristo céntrico".

Al mismo tiempo, también estaba entrando en la pubertad y, por supuesto, descubriendo a las chicas y una nueva área de pecado potencial ¡que no se me había presentado hasta ese momento! La escuela no me ayudó contra las tentaciones. En séptimo grado, mi silla en la clase de matemáticas ¡estaba frente a una ventana que daba al vestuario de las chicas! En realidad, nunca vi nada que no debiera haber visto, pero ¡no fue porque no tratara!

Entonces, en el verano que cumplí 16 años, me invitaron a servir como consejero en un campamento de la iglesia. Sabía que tendría una oportunidad de testificar a los niños que quizás nunca habían oído hablar del evangelio. Sabía que mi estilo de vida no agradaba a Dios. Sabía que podía limitar la eficacia de mi testimonio. Finalmente, una noche, le dije a Dios que era más importante para mí hacer su trabajo—y hacerlo bien—que enredarme en cosas pecaminosas. Entonces me di la vuelta y me dormí.

Había sido cristiano por cuatro años. Desde el principio mismo quise con todo mi corazón glorificar a Dios, pero no había pensado verdaderamente en lo que esto implicaba. Sabía, aproximadamente, de qué trataba el cristianismo, y había vivido lo suficiente como para tener alguna idea de cuánto estaba inmerso en el pecado todavía. Después de cuatro años de estar con un pie afuera y otro adentro, tenía que tomar una decisión: ¡todo o nada! Elegí "todo". Fue el momento de fortalecer y reafirmar la decisión que había tomado unos años atrás, la decisión de permitir que Jesús tomara el control de mi vida.

Todavía soy muy cauteloso para decir que he sido santificado. Wesley decía que todos deberían ser santificados y nadie debería proclamar que lo había sido. En el minuto en que usted proclama que es "santo" está exponiéndose a sí mismo. La gente estará mirando, esperando que cometa un error, para poder decirle cuán impío es en realidad. Ahora, después de esa experiencia me sentía mucho más capaz de enfrentar la tentación. Sin duda alguna había algo diferente. De alguna manera el pecado había perdido su poder sobre mí.

Una vez más, una ilustración podría ayudar a aclarar algo de la confusión sobre la santificación. Algunos de mis amigos de la niñez ganaban algo de dinero atrapando animales, mayormente ratones almizcleros. De vez en cuando, mis amigos encontraban una trampa que se había dañado. A menudo el problema era que una vaca o algún otro animal pesado había pisado la trampa y había roto el resorte. Eso, por supuesto, arruinaba la trampa. Cualquier animal que pisara la trampa estaría seguro, porque la trampa no tenía el poder para atraparlo.

La santidad es algo como eso. Debido a lo que hizo Jesús, el pecado tiene un resorte roto. Ya no tiene el poder de mantenernos cautivos, a menos que *queramos* estar cautivos.

Hasta esa ilustración se queda corta para definir en realidad lo que significa ser santificados por completo. Juan Wesley, que en un principio formuló la doctrina, prefería el término "amor perfecto". Esa es una buena elección, porque esas dos palabras son los dos aspectos más importantes de ser santificados por completo.

La palabra "perfecto" puede confundirnos. Muchos de nosotros pensamos que perfección es algo que no puede ser mejorado, como un diamante sin defecto. Sin embargo, cuando la Biblia usa ese término significa maduro, algo que vive de acuerdo a su máximo potencial. En este caso, un cristiano "perfecto" es alguien que es "el mejor cristiano que puede ser", considerando lo que tiene a su disposición en ese momento. Pero el "cristiano perfecto" siempre tiene posibilidades de mejorar.

Por ejemplo, si me reúno con el maestro de mi hijo, y me dice que es "el estudiante perfecto", por supuesto que me siento muy orgulloso. Eso quiere decir que está haciendo el mejor trabajo que puede hacer en sexto grado. Sin embargo, si todavía estuviera trabajando al nivel de sexto grado cuando esté en décimo grado, no estaría tan orgulloso. No estaría haciendo nada mal, al igual que cuatro años atrás, pero ¡debería estar trabajando mucho mejor! Debería estar madurando continuamente, creciendo y convirtiéndose en más "perfecto". De manera similar, Dios nos insta a crecer en gracia y vivir de acuerdo a nuestro máximo potencial como cristianos.

La cualidad más importante que debe ser perfeccionada es el amor. Estar totalmente santificados es estar consumidos por el amor de Dios. A Jesús le preguntaron una vez, *"Maestro, ¿cuál es el mandamiento más importante de la ley?"* Él respondió, *"Ama al Señor tu Dios con todo tu corazón, con todo tu ser y con toda tu mente. Éste es el primero y el más importante de los mandamientos. El segundo se parece a éste: Ama a tu prójimo como a ti mismo. De estos dos mandamiento dependen toda la ley y los profetas"* (**Mateo 22:37-40**).

Cuando era joven, yo me imaginaba que ser santificado por completo era como experimentar un rayo, que Dios me iba a energizar con tanta bondad que me volvería inmune a la tentación. Iría por la vida como un zombi santo. Por supuesto que habría tentaciones, pero podría hacerlas a un lado y dejarían de molestarme. Poseería tanto poder espiritual que podría acercarme a alguien y en cuestión de minutos lo tendría de rodillas arrepentido. Mis oraciones obrarían milagros. Sería una especie de "súper santo". ¡Yo sería santo!

Estaba buscando algo que hiciera *mi* vida más fácil, que no tuviera que trabajar tanto para ser cristiano. Antes que nada, ¡quien me preocupaba era *yo*! Pero Dios quería darme un corazón rebosante de amor hacia Él y hacia mi prójimo. Quería que yo estuviera tan lleno de su Espíritu de amor que no hubiera lugar para ningún otro espíritu competidor.

Una vez, en una reunión de oficiales, la persona que estaba a mi lado me pidió que le pasara el café. Como broma, tomé la cafetera y llené tanto su taza que el líquido estaba al borde. Sólo la tensión de la superficie evitaba que se derramara. Entonces le pregunté con dulzura, "¿crema o azúcar?" Desde luego, el café se habría derramado sobre la mesa si ella hubiera tratado de añadirle crema o azúcar. Así es cuán llenos debemos estar del amor de Dios, ¡tan llenos que no haya absolutamente ningún espacio para el pecado!

Una persona santificada por completo, por consiguiente, es una que, debido a que él o ella está completamente saturado(a) del amor de Dios, vive una vida de amor. Ama tanto a Dios que hará cualquier cosa para agradarlo. Puede que renuncie a algunas cosas para no causar ninguna pena a Dios. El amor a Dios lo obliga a amar a otros y hacer lo que pueda para mejorar la vida de su prójimo, y en especial, para guiar a ese prójimo a una relación salvadora con Dios. La santificación en realidad no es tan esotérica cuando se le examina así, ¿verdad?

Debido a que muchas personas parecen tener algunas expectativas extrañas sobre estar totalmente santificados, veamos unas cuantas cosas que usted no debería esperar:

1. Aunque usted esté santificado, no debería esperar estar libre de cometer errores morales. Por supuesto que cometerá errores. No es que súbitamente usted será tan perceptivo o tan hábil que siempre sabrá de inmediato qué es lo correcto o qué debe hacer en cada situación.

Hay una historia sobre una niña pequeña que amaba profundamente a su madre y le gustaba hacer cosas buenas para ella. Una fría mañana de invierno la madre salió para quitar la nieve. La pequeña pensó qué bueno sería para su madre ponerse zapatillas calientitas en sus pies helados cuando entrara después de limpiar la nieve. Así que, tomó las zapatillas, las puso en el horno y lo prendió. Cuando su madre entró, encontró la casa llena de humo y dos zapatillas negras crujientes en el horno. Las intenciones de la niña eran fantásticas, pero había juzgado mal la situación. ¡Ser santificado por completo no implica una sabiduría perfecta o una protección contra la estupidez anticuada! Pero el Espíritu de amor que vive en nosotros por lo menos debería conservar puros nuestros motivos.

2. Aunque usted esté santificado, no debería esperar estar libre de la tentación. Yo no esperaba exactamente que la santificación me liberara de toda tentación; sólo esperaba que resistir la tentación fuera facilísimo. Pensaba que la tentación sería tan impotente que apenas me daría cuenta de ella. Estaba equivocado. ¡La tentación todavía estaba allí, y tan fuerte como siempre!

Debería haberlo sabido; después de todo, Jesús fue tentado aún a la hora de su muerte. ¿Por qué deberíamos esperar que fuera más fácil para nosotros de lo que lo fue para Jesús? (La gran diferencia, por supuesto, es que Él nunca cedió a la tentación, ni siquiera una sola vez)

Durante el tiempo en que estaba viviendo en rebelión contra Dios, recuerdo que pensaba, "Si oro y le pido a Dios que me libre de esta tentación, Él lo hará". Por lo tanto, a propósito no le pedía a Dios tal cosa, ¡porque *yo no quería* ser librado! No necesitaba pecar, pero muy conscientemente elegía hacerlo. Era una cosa muy egoísta. Ahora me doy cuenta que cuando me siento tentado en algún aspecto, me detiene el pensamiento de todo el daño que podría hacer a la gente que amo, y el dolor que esta indiscreción le causaría a Dios, que me ama.

3. Aunque usted esté santificado, no debería esperar estar libre del peligro de caer de la gracia. Ha habido (y todavía hay) gente que piensa que estar completamente santificados significa que ya no son capaces de pecar. ¡Están equivocados! No *necesitamos* pecar más, no estamos bajo el *poder* del pecado, pero somos capaces de elegir hacer lo que sabemos que no debemos hacer. Un abuso de esta doctrina ha sido que la gente piensa que están por encima del pecado, así que ni lo confiesan ni se disculpan con los demás cuando pecan. En lugar de ser santos, ¡se volvieron desagradablemente arrogantes! Es cierto que podemos vivir día a día sin pecar intencionadamente; pero *si* pecamos, ¡necesitamos confesarlo y no escondernos detrás de una falsa interpretación de esta doctrina!

Si somos capaces de pecar, somos capaces de elegir rechazar a Dios, así que perdemos nuestra salvación, como lo discutimos en el último capítulo. ¡Proclamar la bendición de ser santificados por completo no nos da súbitamente seguridad eterna! Estamos libres del poder del pecado, pero si aún así somos lo suficientemente tontos para elegir el pecado, ¡estamos en problemas!

Entonces, ¿cómo nos saturamos del "amor perfecto?" No buscando una "experiencia", sino conociendo al Dador de la experiencia. Anhelamos una relación más profunda y pura con Dios, una relación con el Único Santo que quiere hacernos santos. Sin embargo, desde nuestra perspectiva parece haber cinco elementos involucrados antes de que Dios haga su trabajo santificador en nosotros:

1. **Conversión.** Usted no puede estar totalmente santificado ¡a menos que sea salvo!

2. **Convicción.** Usted debe darse cuenta que necesita esta bendición. Tiene que reconocer que por alguna razón usted no ha dejado atrás al pecado.

3. **Anhelo y renunciación.** Usted no sólo tiene que ver el problema, tiene que desear realmente que el problema se resuelva. ¿Sabe? no todos quieren ser cambiados. Usted puede estar satisfecho con las cosas como son. Puede que tenga miedo de lo que Dios exigirá de usted si se entrega a Él al 100%. Así que debe buscar la santidad, pidiéndole a Dios que haga que usted desee pagar el precio. Siempre vale la pena pagar el precio. ¡Nadie puede dar más de lo que dio Dios! Pero la santidad sí tiene un precio. Puede que le tome algún tiempo antes de que usted esté listo para permitir que Dios lo cambie. Puede que tenga que esforzarse para ello.

4. **Consagración.** Este es el acto de dejar todo en el altar de Dios, como dice **Romanos 12:1** (**RV60**): *Así que, hermanos, os ruego por las misericordias de Dios, que presentéis vuestros cuerpos en sacrificio vivo, santo,*

agradable a Dios, que es vuestro culto racional. Después de que usted haya decidido renunciar a lo que sea que lo prevenga de agradar a Dios completamente, o que tenga el deseo de obedecer sin que importe a dónde lo lleve esa obediencia, usted puede presentar ese deseo a Dios.

Puede haber muchas cosas específicas involucradas aquí: comer menos en la calle (porque evita que use su dinero más eficazmente para el trabajo de Dios), o renunciar a tanta televisión (porque pierde demasiado tiempo y llena su cabeza con cosas poco saludables), o cambiar su forma de vestir (porque puede estar enviando mensajes que no son apropiados para alguien que está lleno del amor de Dios) o renunciar al cigarrillo o algún otro hábito destructivo (debido a que profana su cuerpo, el templo de Dios, como lo expresa **1 Corintios 6:19**). Conozco una mujer que renunció a leer novelas porque la controlaban, ¡en lugar de que ella las controlara!

La consagración puede significar seguir el llamado de Cristo a tierras lejanas, o quizás peor, a las calles gueto de nuestras propias ciudades, ¡que pueden resultar más peligrosas de lo que jamás fueron las tierras lejanas! La consagración puede implicar un estilo de vida más simple para permitirle a usted dar más dinero para el trabajo de Dios. Puede significar cualquiera de esas cosas, y probablemente signifique más para algún individuo en particular. Simplemente significa aquello que Pablo escribió en **1 Corintios 10:31**: *En conclusión, ya sea que coman o beban o hagan cualquier otra cosa, háganlo todo para la gloria de Dios.* Si no le da gloria a Dios, ¡manténgase alejado de eso!

> **5. Fe.** La santificación total es, realmente, sólo la continuación del trabajo santificador que Dios comenzó en usted desde el primer momento en que usted recibió la salvación a través de su Hijo. Por consiguiente, no debería sorprenderlo encontrar que la

fe es el principio activo de ambas bendiciones. Usted debe vivir de acuerdo a la creencia de que Dios desea tanto llenarlo con su amor que no hay lugar para el pecado; entonces usted, con Pablo, puede estar *convencido de esto: el que comenzó tan buena obra en ustedes la irá perfeccionando hasta el día de Cristo Jesús* (**Filipenses 1:6**).

Entonces Dios hará su trabajo sobrenatural en usted. *Que Dios mismo, el Dios de paz, los santifique por completo, y conserve todo su ser—espíritu, alma y cuerpo—irreprochable para la venida de nuestro Señor Jesucristo* (**1 Tesalonicenses 5:23**).

Preguntas para discusión:

1. ¿Qué comprensión tenía usted del concepto "ser santificados por completo" antes de leer este capítulo?

2. ¿Por qué es conveniente para nosotros ser santificados por completo?

3. ¿Por qué cree que Wesley prefería el término "amor perfecto"?

4. ¿Qué es lo que hay de esencial en el amor para ser santificados por completo?

5. Explique el comentario de Wesley de que todos deberían estar santificados y que nadie debería proclamar que lo está.

6. ¿Cuáles son algunas falsas expectativas que puede tener la gente respecto a ser santificados por completo?

Capítulo 11

Doctrina 11
Al otro lado del tiempo

Si hoy fuera el fin del mundo y del tiempo como los conocemos, ¿qué sucedería? ¿Qué podría suceder? ¿Cuáles son las posibilidades? ¿Las probabilidades?

Si usted deja volar libremente su imaginación, al estilo de la ciencia ficción, entonces las posibilidades son ilimitadas. Pero nos limitaremos a la verdad bíblica, eliminando otras posibilidades. La Biblia nos asegura, por ejemplo, que Dios está a cargo. Las cosas van a suceder a su manera. Pero, ¿cuál es su manera? ¿Cuáles son algunas de las posibilidades?

Lo primero que debemos considerar es que Jesús va a presidir los sucesos, cualesquiera que sean. Esto tiene sentido porque Jesús ha sido la figura central de todos los tiempos. También será la figura central al final del tiempo. Las Escrituras apoyan esto.

> **Hechos 1:11** *Este mismo Jesús, que ha sido llevado de entre ustedes al cielo, vendrá otra vez de la misma manera que lo han visto irse.*

> **Hebreos 9:28** *Cristo. . .aparecerá por segunda vez, ya no para cargar con pecado alguno, sino para traer salvación a quienes lo esperan.*

> **Mateo 24:39** *Así será en la venida del Hijo del hombre.*

Como recordará, la última frase de la décima doctrina es una cita de **1 Tesalonicenses 5:23**. También nos recuerda que el regreso de Jesús será lo principal al final:

...puede ser guardado "irreprensible para la venida de nuestro *Señor Jesucristo".*

Jesús regresará corporalmente al final del tiempo. ¿Y entonces qué?

Él podría decidir que está cansado de todos nosotros y simplemente terminar el juego barriendo a todos los jugadores de la mesa de juego. Esto significa, podría elegir aniquilarnos a todos. Podría...pero no lo hará. Claramente, esta no será la acción de Jesús por lo menos por dos razones:

1. Simplemente, esa no es la forma de ser de Jesús. Sabemos que Él es un Dios de amor y misericordia. Por eso es que ha esperado tanto tiempo. *El Señor no tarda en cumplir su promesa, según entienden algunos la tardanza. Más bien, él tiene paciencia con ustedes, porque no quiere que nadie perezca sino que todos se arrepientan* (**2 Pedro 3:9**).

2. Él nos creó para ser seres eternos. A través del Antiguo y Nuevo Testamento hay versículos que lo demuestran. Aquí hay una pequeña muestra:

Isaías 25:8 *Devorará a la muerte para siempre.*

Oseas 13:14 *¿Habré de rescatarlos del poder del sepulcro? ¿Los redimiré de la muerte?*

Juan 3:16 ...*para que todo el que cree en él no se pierda, sino que tenga vida eterna.*

2 Tesalonicenses 1:9 *Ellos sufrirán el castigo de la destrucción eterna, lejos de la presencia del Señor y de la majestad de su poder.*

Ser seres eternos es una parte importante de haber sido creados a su imagen. Jesús no aniquilará a la gente que Él ha creado para la eternidad. El Ejército de Salvación expresa esta verdad en la primera frase de la onceava doctrina:

Creemos en la inmortalidad del alma...

Sabemos que Dios no borrará simplemente a nadie, sin huella alguna. Debo enfatizar esto porque algunos grupos argumentan que, aunque los justos tienen una recompensa eterna, los malvados simplemente serán aniquilados. Esta no es la enseñanza de la Biblia, ni del Ejército ni de muchas otras iglesias.

Otra posibilidad es que todos irán al cielo. Esto coincidiría con la naturaleza amorosa y misericordiosa de Dios, y con que las personas son seres eternos. A esta idea se le llama "universalismo". Mucha gente ha caído en este error. Sospecho que la gente cree esto más como resultado de hacerse ilusiones que debido a una comprensión de la naturaleza de Dios. Él no sólo es amoroso y misericordioso, sino santo.

Ser un Dios santo significa que Él no soporta la maldad. Nos ama a cada uno de nosotros, sin que importe lo que hacemos. Quiere que cada uno de nosotros viva para siempre con Él, pero no podemos presentarnos al Padre si todavía estamos cubiertos de pecado. Por eso es que es tan importante que nos encomendemos a Jesús; para que Él pueda hacer algo sobre el pecado y nos haga dignos de presentarnos ante Dios. Debemos ser cambiados para ser dignos del cielo. La forma en que Dios lo hace se encuentra en las doctrinas seis a diez. Jesús llevó nuestros pecados a la cruz y nos rescató a un gran costo personal. Si nos arrepentimos y nos encomendamos a Él, seremos hechos nuevos por el Espíritu Santo. Entonces ejercitaremos obedientemente esta nueva fe para poder permanecer salvos.

Pero sabemos que no todos quieren que Dios se entrometa en su vida personal. Mucha gente elige darle la espalda a la gracia de Dios. Ellos eligen, en efecto, ir al infierno. De alguna manera, Dios nos tiene que separar. La onceava doctrina nos recuerda nuestra creencia:

...en el juicio general al fin del mundo...

El tiempo llegará en que todos tendremos que estar ante Dios y responder algunas preguntas muy vergonzosas. ¡Ay de la persona que no tenga las respuestas correctas! La Biblia habla de esto con más detalle en:

> **Hebreos 9:27** Y así como está establecido que los seres humanos mueran una sola vez, y después venga el juicio...
>
> **Apocalipsis 20:13** El mar devolvió sus muertos; la muerte y el infierno devolvieron los suyos; y cada uno fue juzgado según lo que había hecho.
>
> **Mateo 25:32** Todas las naciones se reunirán delante de él, y él separará a unos de otros, como separa el pastor las ovejas de las cabras.

Cada persona que ha vivido fue creada por Dios para la eternidad. Entonces, ¿qué le ocurre a aquellos que ya han muerto? ¿Serán juzgados? ¡Por supuesto! Se expresa directamente en Apocalipsis 20:13 (ver arriba), y también se da a entender en muchos otros textos.

¿Cómo sucederá eso si ya están muertos?

Fácil. Dios los traerá de regreso a la vida, sólo para la ocasión. Aquí podemos enfrentarnos a un problema si no tenemos cuidado. Podríamos confundirnos con facilidad sobre lo que realmente queremos decir con "resurrección de la muerte". ¿Será esto una especie de sala de espíritus? ¿Una reunión de fantasmas? ¡No, ninguna de las anteriores! Esta será una resurrección de servicio completo, que incluirá la resurrección de nuestros cuerpos.

¿De nuestros *cuerpos*, dice usted? ¡Seguro! Sus ideas sobre la estricta separación del cuerpo y del espíritu vienen de los antiguos griegos, no de la Biblia. La Biblia ve a cada persona como una unidad, incluyendo el cuerpo, el alma y el espíritu. Pero sé lo que está pensando. *¿Quiere decir que tendré caspa en el cielo?*

Felizmente, no. Todas las fallas, imperfecciones y enfermedades estarán ausentes del cuerpo resucitado en la eternidad. En **Apocalipsis 21:4** leemos: *Él les enjugará toda lágrima de los ojos. Ya no habrá muerte, ni llanto, ni lamento ni dolor, porque las primeras cosas han dejado de existir.*

Nuestros cuerpos resucitados serán diferentes. No pertenecerán al antiguo orden de las cosas que estaba corrompido por el pecado del universo e incluía muerte, dolor, ceguera, perversiones, malformaciones y hasta caspa. Esos cuerpos serán nuevos. Serán "cuerpos espirituales".

1 Corintios 15:42-44 *Lo que se siembra en corrupción, resucita en incorrupción; lo que se siembra en oprobio, resucita en gloria; lo que se siembra en debilidad, resucita en poder; se siembra un cuerpo natural, resucita un cuerpo espiritual.*

1 Corintios 15:50-54 *Les declaro, hermanos, que el cuerpo mortal no puede heredar el reino de Dios, ni lo corruptible puede heredar lo incorruptible. Fíjense bien en el misterio que les voy a revelar: No todos moriremos, pero todos seremos transformados, en un instante, en un abrir y cerrar de ojos, al toque final de la trompeta. Pues sonará la trompeta y los muertos resucitarán con un cuerpo incorruptible, y nosotros seremos transformados. Porque lo corruptible tiene que revestirse de lo incorruptible, y lo mortal, de inmortalidad. Cuando lo corruptible se revista de lo incorruptible, y lo mortal de inmortalidad, entonces se cumplirá lo que está escrito: "La muerte ha sido devorada por la victoria".*

Cristo es el pionero de la resurrección. Él, también, fue

cambiado. Él, también, tenía un nuevo cuerpo cuando fue resucitado. También lo tendremos nosotros. Podemos afirmar con confianza en nuestra onceava doctrina:

Creemos en . . .la resurrección del *cuerpo*. . .

Por eso, al final, **1)** Cristo regresará, y **2)** aquellos que han muerto resucitarán con un cuerpo, porque **3)** todos seremos juzgados. Aquellos que se han encomendado a Jesús pasarán la eternidad con Él en el cielo. Aquellos que rehúsen hacerlo permanecerán bajo el dominio de Satanás y pasarán la eternidad con él en el infierno. Cualquier falta de justicia que exista en nuestro tiempo en la tierra será satisfecha en la eternidad.

Una vez más, las Escrituras respaldan bastante esta creencia:

Mateo 25:34 y 41 *Entonces dirá el Rey a los que estén a su derecha: "Vengan ustedes, a quienes mi Padre ha bendecido; reciban su herencia, el reino preparado para ustedes desde la creación del mundo." . . .Luego dirá a los que estén a su izquierda: "Apártense de mí, malditos, al fuego eterno preparado para el Diablo y sus ángeles".*

Apocalipsis 20:12-15 *Vi también a los muertos, grandes y pequeños, de pie delante del trono. Se abrieron unos libros, y luego otro, que es el libro de la vida. Los muertos fueron juzgados según lo que habían hecho, conforme a lo que estaba escrito en los libros. El mar devolvió sus muertos; la muerte y el infierno devolvieron los suyos; y cada uno fue juzgado según lo que había hecho. La muerte y el infierno fueron arrojados al lago de fuego. Este lago de fuego es la muerte segunda. Aquel cuyo nombre no estaba escrito en el libro de la vida era arrojado al lago de fuego.*

2 Tesalonicenses 1:9 *Ellos sufrirán el castigo de la destrucción eterna, lejos de la presencia del Señor y de la* *majestad de su poder.*

Esta es nuestra convicción. La onceava doctrina establece que creemos en...

...la eterna felicidad de los justos y en el castigo perpetuo de los malos.

Hay muchos más eventos asociados al fin del mundo, la mayoría de ellos muy controversiales, pero los salvacionistas realmente tenemos mucha flexibilidad. Cuando usted entra en un debate sobre el fin del mundo, tiene que decidir qué cree sobre el Milenio, el reino de mil años de Cristo a que hace referencia **Apocalipsis 20:1-10**. Usted puede ser un premilenarista, que significa que piensa que la Gran Tribulación llegará antes del Milenio; o un posmilenarista, que cree que la Tribulación llegará después del Milenio; o un amilenarista, una persona que piensa que el reino de mil años de Cristo sólo se menciona en forma simbólica. A mí me gusta llamarme a mí mismo un "remilenarista". ¡Creo que todo se "re-solverá" al final!

Para decidir qué posición tomar sobre el Milenio, usted debe saber lo que es la Gran Tribulación. Este es el tiempo en el que Dios retirará la gracia del mundo y Satanás tendrá rienda suelta para hacer lo peor, como lo dicen **Mateo 24:21** y **Apocalipsis 7:14**. Entonces usted tendrá que decidir (especialmente si optó por el premilenarismo) si usted es ¡*Pre*tribulación, *Medio*tribulación, o *Pos*tribulación! Esto se refiere a si el Rapto viene antes, durante o después de la Gran Tribulación. Por supuesto que para saber cuál es su posición usted debe saber qué es el *Rapto*. Esto es . . . ¡Oh, no importa! Esto es un cuento de nunca acabar.

En realidad debería disculparme con aquellos de ustedes que se dedican al estudio del fin del mundo. Es un área de estudio muy compleja que he simplificado en exceso. Por ejemplo, un premilenarista tiene un punto de vista del Milenio completamente distinto al del posmilenarista, y eso no lo he explicado en absoluto. Las personas que estudian esta área leen con detenimiento los libros de Apocalipsis y Daniel, así como partes de Ezequiel y, por supuesto, Mateo 24-25. Me alegro de que alguien ponga empeño en estudiar este material, aunque sólo sea para evitar que algunos de los cultos tengan un monopolio sobre las interpretaciones escatológicas. Sin embargo, hay un problema con los estudiantes de la Biblia que pasan horas buscando en las Escrituras indicios sobre el futuro, pero a la vez descuidan las críticas que les hace la Biblia sobre su estilo de vida presente.

El Ejército de Salvación muy sabiamente no requiere que los soldados se adhieran a ninguna postura del fin del mundo. Esto es muy bueno porque, en los Estados Unidos y algunos otros países, estaríamos en grandes problemas si hiciéramos que todos se ajustaran a las opiniones escatológicas de William y Catherine Booth. Casi todos los cristianos evangélicos norteamericanos son *pre*milenaristas; pero los Booth eran acérrimos *pos*milenaristas. De hecho, su punto de vista posmilenarista sobre el Reino de Dios contribuyó en gran manera al firme interés salvacionista en la participación social. Nos adherimos solamente a las verdades bíblicas más básicas, evidentes, sobre el fin del mundo y la eternidad. De ahí es que nuestra doctrina final es bastante simple y sencilla:

> **Creemos en la inmortalidad del alma, en la resurrección del cuerpo, en el juicio general al fin del mundo, en la eterna felicidad de los justos y en el castigo perpetuo de los malos.**

Preguntas para discusión:

1. ¿Qué rol juega Jesús en el fin del mundo? ¿Por qué es significativo?

2. ¿En qué forma somos eternos los seres humanos? ¿Cómo es que la naturaleza eterna de Dios es diferente a la nuestra?

3. ¿Qué sucederá en el juicio general al fin del mundo? ¿Qué preguntas podríamos tener que responder? ¿Qué respondería usted si tuviera que hacerlo en este momento?

4. ¿Qué es un "cuerpo espiritual"?

5. Si Jesús regresara hoy, ¿qué vería que usted se alegraría de que Él lo hubiera visto? ¿Qué haría que usted se sintiera incómodo si Él lo descubriera?

6. Algunas instituciones cristianas tienen perspectivas escatológicas muy específicas en sus declaraciones de fe. ¿Por qué es que el Ejército ha elegido mantener nuestra onceava doctrina escatológica tan sencilla?

Parte III

Vivir como un soldado de Dios

1. Declaro que seré sensible a la obra del Espíritu Santo y obediente a su dirección en mi vida, creciendo en gracia mediante la adoración, la oración, el servicio y la lectura de la Biblia.

2. Declaro que haré de los valores del reino de Dios, y no los valores del mundo, mi norma de vida.

3. Declaro que mantendré integridad cristiana en cada aspecto de mi vida, rechazando cualquier pensamiento, palabra o acción que pudieran ser impuros o indignos, profanos o falsos, deshonestos o inmorales.

4. Declaro que mantendré ideales cristianos en todas mis relaciones, con mi familia y vecinos, mis colegas y camaradas salvacionistas, con aquellos ante quienes soy responsable, y con la comunidad en general.

5. Declaro que defenderé la santidad del matrimonio y la vida familiar.

6. Declaro que seré fiel administrador de mi tiempo y mis dones, mi dinero y mis posesiones; mi cuerpo, mi mente y mi espíritu; sabiendo que le debo rendir cuentas a Dios.

7. Declaro que me abstendré del uso de bebidas alcohólicas, tabaco, drogas que producen adicción salvo aquellas prescritas por un médico, de los juegos de azar, de la pornografía, de las ciencias ocultas y de todo aquello que podría esclavizar mi cuerpo, mi mente o mi espíritu.

8. Declaro que seré fiel a los propósitos para los cuales Dios levantó al Ejército de Salvación, compartiendo las buenas nuevas de Jesucristo, tratando de ganar a otros para Él, ayudando en su nombre a los necesitados y a los menos privilegiados.

9. Declaro que hasta donde me sea posible me comprometeré activamente en la vida y el trabajo, en las reuniones y el testimonio del Cuerpo, contribuyendo con la mayor proporción posible de mis ingresos al sostén de sus ministerios y del

trabajo mundial del Ejército de Salvación.

10. Declaro que seré fiel a los principios y prácticas del Ejército de Salvación. Seré leal a sus líderes, demostrando un espíritu salvacionista tanto en tiempo de popularidad como en tiempo de persecución.

Capítulo 12

Artículos de Ética 1 y 2
Vivir como un pueblo llamado

Imagine a un grupo de gente alrededor de una tumba, la suya. Las personas reunidas son las más cercanas a usted: su familia inmediata, sus mejores amigos. Uno de ellos suspira profundamente mientras menciona su nombre. "¿Saben lo que voy a extrañar de él (ella)? Voy a extrañar. . ." ¿Qué extrañaría de usted la gente?

Otro comenta. "Siempre estaré agradecido por lo que él (ella) hizo para ayudarme hace tiempo. ¿Alguna vez les conté sobre eso?" ¿Qué historia contaría él (ella) sobre su amabilidad?

Una tercera persona se une a los comentarios. "Considero un privilegio haberlo(a) conocido por su. . ." ¿Qué atesoraría la gente cuando lo(a) recordara?

He asistido y oficiado funerales en los que no se dijo nada de esto. Los únicos comentarios ante la tumba se parecían más a esto: "Bueno, recibió lo que merecía", o, "Supongo que debería estar triste, pero de alguna manera no puedo evitar sentirme un poco aliviado(a)".

Cada uno de nosotros ha establecido un curso para nuestra vida. Cada día modificamos ese curso para bien o para mal. ¿A dónde se dirige el curso de su vida?

Como cristianos hemos sido llamados por Dios a través de Jesucristo para hacer una diferencia en el mundo que nos rodea. Ese hecho debería influenciar de manera significativa el curso que establecemos para nosotros mismos. Considere las siguientes escrituras:

> **Mateo 5:13:** *Ustedes son la sal de la tierra. Pero si la sal se vuelve insípida, ¿cómo recobrará su sabor?*
>
> **Mateo 5:14-16:** *Ustedes son la luz del mundo. Una ciudad en lo alto de una colina no puede esconderse. Ni se enciende una lámpara para cubrirla con un cajón. Por el contrario, se pone en la repisa para que alumbre a todos los que están en la casa. Hagan brillar su luz delante de todos, para que ellos puedan ver las buenas obras de ustedes y alaben al Padre que está en el cielo.*
>
> **1 Pedro 1:14-16:** *Como hijos obedientes, no se amolden a los malos deseos que tenían antes, cuando vivían en la ignorancia. Más bien, sean ustedes santos en todo lo que hagan, como también es santo quien los llamó; pues está escrito, "Sean santos, porque yo soy santo".*
>
> **1 Pedro 2:9:** *Pero ustedes son linaje escogido, real sacerdocio, nación santa, pueblo que pertenece a Dios, para que proclamen las obras maravillosas de aquel que los llamó de las tinieblas a su luz admirable.*
>
> **Romanos 12:2a:** *No se amolden al mundo actual, sino sean transformados mediante la renovación de su mente.*

Por desgracia, sin embargo, los cristianos *sí* se amoldan a veces a este mundo. Consideren esto:

> El investigador George Barna hace la inquietante observación de que los norteamericanos que manifiestan tener un compromiso continuo con Jesucristo muestran pocas diferencias en su estilo de vida en comparación con los no creyentes. En cuanto a las actitudes y patrones de conducta que se encuestan—hasta en áreas como el divorcio, abuso infantil, materialismo y la responsabilidad civil—el Cuerpo de Cristo en los Estados Unidos se ve casi idéntico a la

sociedad secular. (Publisher's Introduction to *Political Action* [Introducción del Editor a *la Acción Política*] por Charles Colson, Navpress, 1988, p. 9).

En el primer capítulo hablamos de cuán importante es para El Ejército de Salvación como una organización independiente ser por lo menos un poco diferente de las otras iglesias; de otro modo no tenemos razón para existir por separado. Aunque el rasgo distintivo del Ejército es importante, es mucho más importante para nosotros como cristianos ser diferentes a los no cristianos.

Pregúntese, "¿Por qué soy cristiano?" ¿Se trata solamente de lograr la recompensa en el cielo cuando muera? ¿Está su fe orientada sólo a llegar al cielo, o le sirve para hacer algo bueno en la tierra? La fe cristiana no es un pasatiempo designado para nuestra satisfacción personal, es el plan cósmico de Dios para transformar no sólo a los individuos, sino también al mundo a nuestro alrededor. Por eso nuestros Artículos de Guerra establecen claramente en el **Artículo de Ética 2:**

> **Declaro que haré de los valores del reino de Dios, y no los valores del mundo, mi norma de vida.**

¿Cómo hacemos esto? La mayoría de nosotros estamos tan infectados por los patrones de pensamiento de la gente a nuestro alrededor que ni siquiera estamos conscientes de que están equivocados. Aceptamos las cosas que están en marcada diferencia con lo que Dios ha revelado en su Palabra, y ni siquiera estamos conscientes del problema. Permítame que le dé un par de ejemplos:

Mentira cultural #1: *El amor romántico es un sentimiento al que debemos someternos.*

Esta es la idea de que el amor es algo sobre lo que no tenemos control. Por lo tanto, si el amor nos ha flechado, debemos aceptar su oferta. Este tipo de pensamiento puede llevarnos a la actividad sexual dañina que está expresamente prohibida por Dios. Por otro lado, las personas casadas podrían sentir que "el amor ha muerto", así que la única cosa por hacer es divorciarse. No es así.

Efectivamente, nosotros tenemos control sobre el amor, porque el amor es por naturaleza un compromiso, una decisión, y sólo en forma secundaria, un sentimiento. Por lo tanto, Dios puede ordenarnos amar a nuestro prójimo como a nosotros mismos. No nos ordena que elaboremos un sentimiento, sino que decidamos hacer un compromiso. No podemos controlar por completo nuestros sentimientos, ¡aunque tenemos mucho más control sobre ellos de lo que mucha gente cree! *Podemos* controlar nuestras acciones y ser obedientes a los mandatos de Dios aun cuando no nos sintamos dispuestos. Debido a que el amor es más una decisión que un sentimiento, si sospechamos que el sentimiento ya no existe, todavía podemos *mandarnos* a nosotros mismos a amar.

Mentira cultural #2: *Lo único realmente importante es que seamos felices.*

Aunque estoy convencido de que Dios quiere que seamos felices, esto no es lo más importante en la vida. Para los cristianos es más importante que Dios sea glorificado en nosotros. **Isaías 43:7** dice que esta es la razón por la cual fuimos creados. La ironía es que, cuando comenzamos a vivir para Dios, y mantenemos nuestro ego en control, las oportunidades de encontrar la felicidad son mucho mayores que para aquellas personas que buscan la felicidad de manera egoísta. Esto es parte, pero no todo, de lo que Jesús quiso decir cuando proclamó, "El que encuentre su vida, la perderá, y el que la pierda por mi causa, la encontrará" (**Mateo 10:39**).

La lista de mentiras que adopta nuestra cultura contemporánea podría seguir y seguir. Firmar los Artículos de

Guerra incluye un compromiso para abrirse paso entre las mentiras culturales y ver la verdad de Dios para nosotros. El **Artículo de Ética 1** dice:

> **Declaro que seré sensible a la obra del Espíritu Santo y obediente a su dirección en mi vida, creciendo en gracia mediante la adoración, la oración, el servicio y la lectura de la Biblia.**

¡Este es un resumen notable del equipo básico de un cristiano! Recibimos guía eficaz a través del Espíritu Santo viviente; pero la mayoría de nosotros en las culturas industrializadas estamos tan ocupados *haciendo* cosas, que no nos detenemos lo suficiente para escuchar lo que el Espíritu quiere decirnos. ¡El ruido de nuestros agitados estilos de vida ahoga su voz!, por lo que nos sentimos más y más desesperados por las demandas con las que nos agobian el trabajo, la familia y la iglesia. Hasta puede que nos demos totalmente por vencidos.

¡Vaya más despacio! Pase algún tiempo a solas con Dios. Haga un hábito de buscar la guía del Espíritu Santo día a día o, como dice la Biblia, "Oren sin cesar" (**1 Tesalonicenses 5:17**). Y cuando reconozca esa guía, ¡sígala!

Pocas veces Dios nos enseña más de uno o dos pasos a la vez; pero si no damos el primer paso, Él no se molestará en enseñarnos el siguiente. Esto no es nuevo. Ya en el primer siglo Santiago tuvo que recordarles a sus lectores que *"no se contenten sólo con escuchar la palabra, pues así se engañan ustedes mismos. Llévenla a la práctica"* (**Santiago 1:22**).

Los Artículos de Guerra nos ofrecen ayuda bíblica para poner la fe en acción. Debemos:

adorar (tanto privadamente como con otros cristianos)

orar (tanto privadamente como con otros cristianos)

leer la Biblia (no sólo libros sobre la Biblia o sermones basados en la Biblia)

servir

Si ignoramos cualquiera de estas cuatro disciplinas espirituales, encontraremos que es muy difícil oír la voz del Espíritu y/o crecer en gracia. Por esa razón, las Escrituras claramente nos mandan acatar estas disciplinas.

Preguntas para discusión:

1. ¿Puede usted identificar el curso que ha establecido/está estableciendo para su vida? ¿Hay alguna tensión entre este curso y el curso que Dios podría haber planeado para usted?

2. ¿Cómo establece usted la diferencia entre los "valores del reino de Dios" y los "valores del mundo"?

3. ¿Cuáles son algunas mentiras culturales además de las dos mencionadas en este capítulo?

4. ¿Cómo recibe la guía eficaz del Espíritu Santo viviente?

5. ¿Por qué es importante practicar disciplinas diarias?

6. ¿Cuáles son algunos valores del Reino que usted o su Cuerpo podrían demostrar en una forma más evidente?

Capítulo 13

Artículo de Ética 3
El cristiano que gritó, ¡Ahí viene el lobo!

¿Recuerdan la historia del niño que gritó, ¡Ahí viene el lobo!? Él cuidaba ovejas en una aldea pequeña y aburrida. Un día, a este niño se le ocurrió hacer un poco de alboroto al gritar con todas sus fuerzas "¡Lobo! ¡Ahí viene el lobo!" Tenía razón. Las personas de la aldea dejaron lo que estaban haciendo, agarraron algún tipo de arma y corrieron a ayudarlo. El niño pensó que era muy divertido pero los aldeanos pensaron todo lo contrario. Algún tiempo después lo hizo otra vez, con el mismo resultado. Al día siguiente, un lobo salió del bosque y atacó a sus ovejas. Él gritó "¡Lobo! ¡Ahí viene el lobo!", pero esta vez nadie vino en su ayuda.

El niño había perdido credibilidad. Nadie confiaba en absoluto en su integridad.

Por desgracia, los cristianos también hemos perdido credibilidad en nuestra época.

Durante los años en que mi familia vivió en Alemania tuvimos muchos amigos musulmanes, en su mayoría expatriados de países islámicos. Algunas veces si yo comenzaba a hablar sobre el cristianismo, ellos me decían, "el cristianismo no es bueno. Mira a esta nación que se llama a sí misma cristiana. Hay iglesias grandes y desarrolladas, ¡pero la gente es inmoral e impía!" Ellos tenían razón en eso. Me preguntaba cómo podía explicarles que muchos de los alemanes en realidad no confiaban en lo absoluto en Dios.

En los Estados Unidos habría sido todavía más difícil para mí decirles a mis amigos no cristianos que muchos de esos aparentes "creyentes" son cristianos de nombre solamente. Con un porcentaje de asistencia a la iglesia diez veces mayor que el de Alemania, evangelistas de la televisión y canales religiosos de cable, presidentes "nacidos de nuevo" y el Derecho Religioso, los Estados Unidos figura como uno de los países en el mundo que más se declara "cristiano".

Pero a los cristianos ya no se les reconoce por su integridad.

Los cristianos son llamados a ser diferentes. Jesús dijo que sus seguidores deberían vivir tan "íntegramente" que todo lo que digamos o hagamos declare que somos el pueblo llamado de Dios (**Mateo 5:16**). Por eso es que en los Artículos de Guerra se nos pide que nos comprometamos, **Artículo de Ética 3:**

> **Declaro que mantendré integridad cristiana en cada aspecto de mi vida, rechazando cualquier pensamiento, palabra o acción que pudieran ser impuros o indignos, profanos o falsos, deshonestos o inmorales.**

Nos comprometemos a mantener nuestras acciones bajo control, lo cual no es fácil. También se espera que cuidemos lo que decimos. Eso es aún más difícil. Lea **Santiago 3:6**: *También la lengua es un fuego, un mundo de maldad. Siendo uno de nuestros órganos, contamina todo el cuerpo y, encendida por el infierno, prende a su vez fuego a todo el curso de la vida.* El uso de la lengua incluye mentiras, vulgaridades, insultos, calumnias, obscenidades: todo tipo de cosas.

Si eso no fuera suficientemente difícil, también se supone que debemos tener pensamientos puros. Ahora, si no puedo controlar mis acciones o mi lengua, ¿cómo se supone que puedo manejar lo que pasa por mi mente?

Cualquier tipo de pecado comienza en nuestro pensamiento. Pensamos sobre ello y después decidimos hacerlo. Un pecado impulsivo puede parecer que ocurre casi sin pensar, pero su cuerpo no hace nada a menos que el cerebro le envíe la señal. Jesús aludió a eso en **Mateo 15:11**: *Lo que contamina a una persona no es lo que entra en la boca sino lo que sale de ella.*

Jesús no está proclamando un nuevo concepto. ¿Se acuerda de los Diez Mandamientos (**Éxodo 20**)? No te hagas ningún ídolo. Acuérdate del sábado. No mates. No cometas adulterio. No robes. Estas son todas acciones muy concretas. Pero mire el último (**v. 17**): "No codicies. . . " Usted puede robar con sus manos, ¡pero codiciar con sus pensamientos! Ya en los Diez Mandamientos está claro que se supone que el pueblo de Dios ¡debe mantener sus pensamientos bajo control!

En el Sermón del Monte, Jesús se concentró claramente en los pensamientos de nuestra vida:

> *Oísteis que fue dicho a los antiguos: No matarás; y cualquiera que matare será culpable de juicio. Pero yo os digo que cualquiera que se enoje contra su hermano, será culpable de juicio; y cualquiera que diga: Necio, a su hermano, será culpable ante el concilio; y cualquiera que le diga: Fatuo, quedará expuesto al infierno de fuego* **(Mateo 5:21-22, RV60).**

Estos versículos siguen una secuencia típica. El pensamiento precede a la palabra, que precede a las acciones (asesinato). Pensamiento, palabra y acción, todos están interrelacionados.

Tomemos otro ejemplo, también de **Mateo 5**: *Ustedes han oído que se dijo: "No cometas adulterio." Pero yo les digo que cualquiera que mira a una mujer y la codicia ya ha cometido adulterio con ella en el corazón* (**vs. 27-28**). Una vez más, la acción nace primero en el pensamiento. ¿Alguna vez ha oído de algún caso de adulterio que no haya estado precedido por pensamientos lujuriosos?

No es particularmente fácil mantener sus pensamientos, palabras y acciones controlados; sin embargo, esta disciplina es básica para vivir una vida de integridad. Lea estas escrituras:

Salmo 15:1-3 *¿Quién, SEÑOR, puede habitar en tu santuario? ¿Quién puede vivir en tu santo monte? Sólo el de conducta intachable, que practica la justicia y de corazón dice la verdad; que no calumnia con la lengua, que no le hace mal a su prójimo ni le acarrea desgracias a su vecino...*

Proverbios 11:3 *A los justos los guía su integridad; a los falsos los destruye su hipocresía.*

Isaías 33:14b-15 *¿Quién de nosotros puede habitar en el fuego consumidor? ¿Quién de nosotros puede habitar en la hoguera eterna? Sólo el que procede con justicia y habla con rectitud, el que rechaza la ganancia de la extorsión y se sacude las manos para no aceptar soborno, el que no presta oído a las conjuras de asesinato y cierra los ojos para no contemplar el mal.*

2 Corintios 4:2 *Más bien, hemos renunciado a todo lo vergonzoso que se hace a escondidas; no actuamos con engaño ni torcemos la palabra de Dios. Al contrario, mediante la clara exposición de la verdad, nos recomendamos a toda conciencia humana en la presencia de Dios.*

Colosenses 3:23 *Hagan lo que hagan, trabajen de buena gana, como para el Señor y no como para nadie en este mundo.*

1 Pedro 2:12 *Mantengan entre los incrédulos una conducta tan ejemplar que, aunque los acusen de hacer el mal, ellos observen las buenas obras de ustedes y glori-*

fiquen a Dios en el día de la salvación.

¿Cómo vive usted una vida honrada de acuerdo a estas normas, no sólo de conducta, sino de palabra y hasta de pensamiento? Sólo puede hacerlo si permite que el Espíritu Santo tenga el control.

¿Alguna vez se ha encontrado con una de esas personas que dicen "¿Por qué necesito a Jesús? Si vivo de acuerdo a los Diez Mandamientos y al Sermón del Monte ¡estaré bien!" De seguro que será así. Pero usted tiene que tener a Jesús—para estar lleno hasta rebosar con su amor, como lo vimos en el capítulo 10— ¡para ser *capaz* de vivir de acuerdo a los Diez Mandamientos y al Sermón del Monte!

¡Qué alivio saber que tenemos la décima doctrina para apoyarnos en ella! La doctrina dice:

> **Creemos que es privilegio de todos los creyentes ser santificados "por completo" y que su ser entero, "espíritu, alma y cuerpo", puede ser guardado "irreprensible para la venida de nuestro Señor Jesucristo" (1 Tesalonicenses 5:23).**

Es posible—de hecho es nuestro privilegio—ser "guardado irreprensible".

La base para ser "guardado irreprensible" es ser santificado por completo, de lo que hablamos anteriormente. Pero un pasaje en particular de la Escritura que nos ayuda a resistir la tentación en nuestros pensamientos es:

> **Filipenses 4:8** *Por ultimo, hermanos, consideren bien todo lo verdadero, todo lo respetable, todo lo justo, todo lo puro, todo lo amable, todo lo digno de admiración, en fin, todo lo que sea excelente o merezca elogio.*

Los piratas informáticos expresan esta idea muy gráficamente en forma negativa: ¡basura entra, basura sale!

¿En qué piensa? ¿Qué llena su mente? ¿Qué tipo de libros o revistas lee? ¿Qué programas de televisión ve? ¿Qué películas renta? Cuando está con sus amigos, ¿de qué hablan? ¿Qué música escucha? Si usted tiene problemas para controlar sus pensamientos, quizás necesita hacer algunos cambios en su dieta mental. De otra manera podría estar robándole la gloria a Dios.

Los Artículos de Guerra nos retan a mantener la integridad cristiana en todas las áreas de nuestra vida, no sólo en nuestro comportamiento, sino también en nuestras palabras y pensamientos. Entonces, como leemos en **1 Pedro 2:12**, podremos mantener *entre los incrédulos una conducta tan ejemplar que, aunque los acusen de hacer el mal, ellos observen las buenas obras de ustedes y glorifiquen a Dios en el día de la salvación.*

Esto es lo que significa ser el pueblo llamado de Dios en el mundo: vivir para que aun su sola existencia le traiga gloria a Dios.

Preguntas para discusión:

1. ¿Tiene usted la reputación de ser una persona íntegra? ¿Cómo se convierte en confiable una persona?

2. ¿Qué área es la más difícil para que usted mantenga la integridad cristiana: pensamiento, palabra u obra? ¿Por qué? ¿Qué puede hacer para mejorar la situación?

3. ¿Dónde comienza el pecado? ¿Cómo podemos atacarlo desde su origen?

4. ¿Cómo se relaciona la décima doctrina con nuestra capacidad o incapacidad de vivir una vida honesta?

5. ¿Cómo se aplica a nuestra integridad el cliché de computadoras, "basura entra, basura sale"?

6. ¿Qué hábitos podría usted cambiar o desarrollar para

ayudarlo a "mantener la integridad cristiana en todas las áreas de la (su) vida"?

Capítulo 14

Artículos de Ética 4 y 5
De las personas, la sociedad y las relaciones cristianas

Hace mucho tiempo, en una organización cristiana muy, muy lejana, había un líder. Durante sus cinco años de liderazgo, casi la mitad de sus subordinados renunció a sus ministerios. Cuando se les preguntó a sus superiores sobre el trato que este hombre les daba a sus compañeros de trabajo, ellos respondieron: "Todos sabemos que no tiene las mejores cualidades del mundo para las relaciones, pero tiene otras cualidades buenas".

El líder que se mencionó anteriormente puede haber sido un líder, y puede haber sido cristiano, pero no era un líder cristiano. Si un porcentaje tan alto de las personas que trabajaban bajo su dirección se sintieron usadas o abusadas al punto que renunciaron y buscaron otras formas de ministerio, es porque él no debe haber estado practicando el **Artículo de Ética 4:**

> **Declaro que mantendré ideales cristianos en todas mis relaciones, con mi familia y vecinos, mis colegas y camaradas salvacionistas, con aquellos ante quienes soy responsable, y con la comunidad en general.**

Las relaciones cristianas son especialmente importantes para aquellos en posiciones de liderazgo, pero a todos los cristianos se nos reta a las relaciones correctas. La Biblia tiene muchas referencias en cuanto al enfoque cristiano para las relaciones; de hecho, ése es uno de los temas principales de las Escrituras, si no el asunto principal. Antes que todo, por supuesto, está nuestra relación con Dios. Pero la Palabra también habla sobre las relaciones entre esposo y esposa, empleadores y empleados, padres e hijos, amigos y enemigos, víctimas y perseguidores, gobernantes y sus súbditos; y la lista continúa.

La pauta más básica para cualquier relación se encuentra en la Regla de Oro: *Traten a los demás tal y como quieren que ellos los traten a ustedes* (**Lucas 6:31**). Aquí hay algunos ejemplos de otros pasajes pertinentes de las Escrituras que se refieren a las relaciones:

Levítico 19:18b *Ama a tu prójimo como a ti mismo.*

Mateo 5:44-45a *Amen a sus enemigos y oren por quienes los persiguen, para que sean hijos de su Padre que está en el cielo.*

Romanos 12:18 *Si es posible, y en cuanto dependa de ustedes, vivan en paz con todos.*

Santiago 2:9 *Pero si muestran algún favoritismo, pecan y son culpables, pues la misma ley los acusa de ser transgresores.*

Santiago 5:16 *Por eso, confiésense unos a otros sus pecados y oren unos por otros, para que sean sanados. La oración del justo es poderosa y eficaz.*

1 Pedro 2:16-17 *Eso es actuar como personas libres que no se valen de su libertad para disimular la maldad, sino que viven como siervos de Dios. Den a todos el debido respeto: amen a los hermanos, teman a Dios, respeten al rey.*

1 Juan 3:11 *Éste es el mensaje que han oído desde el principio: que nos amemos los unos a los otros.*

1 Juan 3:14-15 *Nosotros sabemos que hemos pasado de*

la muerte a la vida porque amamos a nuestros hermanos. El que no ama permanece en la muerte. Todo el que odia a su hermano es un asesino, y ustedes saben que en ningún asesino permanece la vida eterna.

1 Juan 3:18 *Queridos hijos, no amemos de palabra ni de labios para afuera, sino con hechos y de verdad.*

Filipenses 2:2-5 *Llénenme de alegría teniendo un mismo parecer, un mismo amor, unidos en alma y pensamiento. No hagan nada por egoísmo o vanidad; más bien con humildad consideren a los demás como superiores a ustedes mismos. Cada uno debe velar no sólo por sus propios intereses sino también por los intereses de los demás. La actitud de ustedes debe ser como la de Cristo Jesús.*

Todos estos pasajes tienen denominadores comunes: amor, preocupación por la otra persona y una actitud humilde, de servicio. Una vez más debemos ser como Jesús, llenos del mismo amor y preocupación en nuestras relaciones de la misma manera que Él lo demostraba en las suyas.

La Mayora (Dra.) Elaine Becker hizo una vez una investigación fascinante sobre la lealtad de los empleados. Descubrió que ni el buen pago con beneficios, ni la satisfacción por un buen trabajo son en realidad eficaces para inspirar la lealtad de los empleados por su empresa. Si otra compañía les ofrece más pago, o parece ser aún más interesante, hay muy poco que pueda evitar que el empleado cambie de trabajo. Sin embargo, es muy probable que los empleados muestren lealtad a una compañía en la que sienten que en realidad se preocupan por ellos.

Nosotros, el Cuerpo de Cristo, somos lo que el teólogo cuáquero Elton Trueblood llama la "compañía de los comprometidos". A esta "compañía" (la palabra se usa en el aspecto militar), la Palabra de Dios le ha ordenado mostrar preocupación por las personas con quienes tiene contacto. En otras palabras, nosotros los cristianos debemos amar y mostrar compasión unos a otros, y hasta a las personas que no son cristianas. ¿Esto inspira lealtad hacia Dios? ¡Quizás los investigadores que cita la Mayora Becker han descubierto algo que Dios ha sabido por mucho tiempo!

Todas las relaciones son importantes, hasta las casuales; pero la relación matrimonial parece tener una importancia especial. Esto ciertamente se refleja en los Artículos de Guerra. El **Artículo de Ética 4** hace hincapié en la importancia de las relaciones en general, pero el **Artículo de Ética 5** destaca el vínculo entre esposo y esposa:

> **Declaro que defenderé la santidad del matrimonio y la vida familiar.**

El matrimonio y la familia son desde luego un énfasis bíblico. Lean conmigo uno de los pasajes más significativos sobre este asunto: **Efesios 5:21-33**.

Quiero señalar sólo algunos aspectos relevantes. Antes que nada, el **versículo 21** habla de una relación de sumisión mutua. Muchas personas ignoran esto. De hecho, los editores de la Biblia que estoy usando ponen este versículo en un párrafo aparte, separándolo de los versículos que siguen, con un encabezado resaltado. Tengan presente que Dios inspiró el *texto* de la Biblia, pero todos los versículos marcados, los encabezados, las divisiones de los párrafos, y hasta la puntuación, fueron añadidos después para nuestra conveniencia, y no califican como la Palabra inspirada por Dios. Por lo regular, estos agregados editoriales son muy útiles, pero en ocasiones—como en este caso—necesitamos ver más allá de ellos.

El **versículo 21** indica que el matrimonio no es una proposición de 50/50. Como dice mi esposa, ¡es más como una proposición de 150/150! Los socios del matrimonio necesitan estar completamente preocupados por el bienestar del otro. En algún lugar leí lo siguiente: "Si quieres ser feliz, no te cases; pero si quieres hacer feliz a alguien más, cásate". Esta debería ser la actitud de ambos socios del matrimonio.

Los **versículos 22-24** son muy buenos, ¡para los hombres! Y muchos hombres los han sacado del contexto y han abusado de ellos ¡para presionar a sus esposas a someterse! Ahora, no quiero sugerir que una esposa no debe ser sumisa. La Biblia nos enseña la sumisión, aquí y en otras partes; pero ser sumisa no significa aceptar todo tipo de abuso de esposos que nunca han madurado.

Los **versículos 25-28** le hablan directamente a los esposos. ¿Cómo amó Cristo a la iglesia? La amó hasta el punto de morir por ella. Entonces, ¿cómo deben amar los esposos a las esposas? Como Cristo amó a la iglesia— ¡total y sacrificadamente! Esta es una orden muy difícil de cumplir, y me pregunto cuántos de esos esposos, que esperan que sus esposas cumplan con las reglas de "lo que dice la Biblia sobre lo que deben hacer las esposas", ¡han leído lo que esa misma Biblia espera de ellos!

¿Significa esto que *no* se espera que las esposas amen a sus esposos? ¡Por supuesto que no! Pero, las mujeres por lo general no parecen tener muchos problemas para amar a sus esposos, aun cuando los esposos no lo merecen. Ellas pueden, sin embargo, tener un poco de problemas para ser sumisas, así que Dios se toma un minuto para recordarles serlo. Ahora, demostrar el amor de forma eficaz parece mucho más difícil para los hombres; por consiguiente, Dios les recuerda que el amor santo, abnegado es nuestra primera responsabilidad para con nuestras esposas. Sin embargo, tanto los esposos como las esposas son llamados a ser sumisos y amarse el uno al otro.

Por último, después de todo esto, llegamos a la razón de por qué Dios está tan preocupado sobre la relación del matrimonio. **Versículo 32**: *Esto es un misterio profundo; yo me refiero a Cristo y a la iglesia.*

¡Dios creó el matrimonio para ser una especie de lección objetiva sobre la relación entre sí mismo y su pueblo! La comparación funciona para ambos. Si usted observa al mejor matrimonio que conoce, tendrá una noción del tipo de amor que Dios tiene por nosotros, y que nosotros deberíamos tener por Él. El amor perfecto, sacrificial, que Dios nos mostró al mandar a Jesús para morir por nosotros, sirve como modelo para la relación de amor que deberían tener un esposo y una esposa.

El Ejército de Salvación pone un gran énfasis en la santidad de la relación matrimonial. A la luz de los estilos de vida alternativos que están surgiendo, la desintegración de las familias y la epidemia de divorcios, no es fácil ver a Dios en el matrimonio. Para combatir esto, parte de la Declaración de Posición del Ejército de Salvación sobre la crianza de los hijos dice así:

> **El Ejército de Salvación declara que el matrimonio de un hombre y una mujer es una institución sagrada ordenada por Dios. El compromiso de realizar una unión indisoluble es una de las decisiones más gratificantes de la vida siempre y cuando se reúnan las condiciones óptimas para alcanzar la satisfacción personal y poder criar a los hijos.**

Esta declaración refleja la enseñanza de la Biblia de que el matrimonio debe ser una relación amorosa monógama, que sigue cultivándose durante toda la vida, entre un hombre y una mujer. La familia debe ser un refugio para sus miembros. El cumplir con esta posición tiene algunas consecuencias muy concretas para la conducta sexual del cristiano moderno. Los Diez Mandamientos prohíben el adulterio (**Éxodo**

20:14), sin que importe qué cultura pop está promoviendo. Pablo les escribió a los romanos la verdad sobre el estilo de vida homosexual (**Romanos 1:26-27**); inclusive si desde su punto de vista no es "políticamente correcto". Y la buena y querida Biblia Reina Valera regularmente usa la palabra fornicación, que es la traducción de la palabra griega *porneia,* e incluye cualquier otra forma de relación sexual fuera del lazo matrimonial. Cualquier cosa que Dios prohíbe es siempre por nuestro propio bien. "Defenderé la santidad del matrimonio y la vida familiar" tiene consecuencias prácticas para nuestras actitudes y prácticas sexuales.

Antes que nada, **la homosexualidad no es una orientación alternativa aceptable.** Es posible defender esta posición si se toma como base la medicina, la lógica y la experiencia de los homosexuales practicantes; pero ése es otro libro a parte. Debería ser suficiente para nosotros saber que, si Dios frunce el ceño ante tal práctica, su pueblo no tiene el derecho para aprobarlo. Debo señalar, sin embargo, que muchos cristianos no han sido muy amables con los homosexuales. La condición homosexual no se condena en ningún lugar de la Biblia, sólo la práctica homosexual. Dios no condena los impulsos sobre los cuales una persona puede tener muy poco control, sólo condena rendirse a esos impulsos. Algunos cristianos, sin embargo, han sido muy crueles y poco cariñosos al tratar con los homosexuales. El pecado es el pecado, y, por consiguiente, estos cristianos se han hecho a sí mismos tan culpables como los gays y lesbianas que desprecian. Si los cristianos hubieran actuado sistemáticamente en una forma más parecida a la de Cristo hacia esas personas por las que murió Cristo, me pregunto si habría menos viento en popa en la actividad del Movimiento por los Derechos de los Homosexuales.

La opción de "vivir juntos" no existe para los cristianos. Muchos estudios indican que las personas que viven juntas antes de casarse reducen sus oportunidades de satisfacción matrimonial e incrementan las de divorcio. El matrimonio "a prueba" no es una opción porque Dios sabe que es dañino. Sé que la cultura pop dice exactamente lo opuesto. Tantos matrimonios fracasan en estos días que debe ser más seguro tratar primero con un "matrimonio a prueba" para ver si la pareja es "compatible". Pero uno de los elementos básicos de un matrimonio exitoso es el compromiso. A un "matrimonio a prueba", o lo que llamamos delicadamente "vivir juntos", por definición, le falta ese compromiso. Así que tratar de ver si se es compatible es como permanecer despierto para ver cuándo se duerme.

La relación sexual antes o fuera del matrimonio no existe para los cristianos. La gente que se involucra en esto reduce su habilidad para mantener después una relación de amor. También se corre el riesgo de obtener enfermedades muy horribles, la mayoría de ellas incurables. De nuevo, ¡Dios sabe lo que está haciendo!

He tenido largas discusiones con jóvenes cristianos que no entienden por qué Dios no aprueba el sexo fuera del matrimonio. Algunos de ellos han tenido verdaderas dificultades con la idea de que la fornicación es *pecado* y es inapropiada para un cristiano. Mi respuesta permanece: si ustedes están tan comprometidos el uno con el otro, cásense. Si no quieren casarse, no están tan comprometidos el uno con el otro y deberían evitar situaciones que podrían llevarlos al pecado sexual.

El divorcio es destructivo. Hay circunstancias indicadas en la Biblia bajo las cuales se permitía el divorcio. Algunas veces no existe una alternativa real. El divorcio se acepta en la Biblia si uno de los cónyuges comete adulterio (**Mateo 5:32**). También, si el cónyuge no cristiano quiere el divorcio, puede ser concedido (**1 Corintios 7:15**). Creo que también se podría dar un argumento bíblico para que un cónyuge pueda abandonar un matrimonio cuando sufre *abuso*.

A pesar de estas excepciones, el divorcio nunca es el plan de Dios. Es una violencia emocional, y los cristianos no deberían ser arrogantes en la forma en que lo es la cultura en general. El divorcio es destructivo para los adultos involucrados, pero es devastador para los niños. Un amigo mío que estaba divorciado me dijo, "¡Todo lo que dice la Biblia sobre el divorcio es verdad!" Lo estaba diciendo por su dolorosa experiencia.

Las últimas décadas, desde la revolución sexual de los años '60, han demostrado que la propaganda de esa época no era verdad. El incremento en la promiscuidad, el adulterio, los "matrimonios alternativos" y las uniones libres han dado como resultado una generación de niños perturbados, sin padres, y adultos alienados que amenaza destruir a la sociedad.

Puede ser que el estilo de vida representado por los Artículos de Guerra demuestre que es más que la idiosincrasia de los salvacionistas; puede que sea el único camino a la sobrevivencia cultural.

Preguntas para discusión:

1. ¿Por qué son importantes las relaciones?

2. ¿Qué ideales cristianos específicos pueden y deben ser aplicados a cualquier relación? ¿Dónde se describen esos ideales en la Biblia?

3. Haga una lista de varias de sus relaciones actuales. ¿Está usted aplicando los ideales cristianos a cada una de ellas? ¿Cómo podría aplicar esos ideales?

4. ¿Por qué es tan importante para Dios "la santidad del matrimonio y la vida familiar"?

5. ¿Pueden ser aplicados a otras relaciones los principios y pautas para el matrimonio que hemos discutido en este capítulo? Si es así, ¿cómo?

Capítulo 15

Artículos de Ética 6 y 9
¡Lo que es mío no es mío!

Jesús contó una parábola sobre un hombre rico (**Lucas 12:16-21**). No hay indicación de que era deshonesto, o que maltrataba o le pagaba mal a sus empleados, o de que hacía trampa en sus impuestos. No nos dice que era avaro, ni que acumulaba dinero sólo por el hecho de tener mucho. De hecho, parece un hombre bastante respetable, hasta agradable. Aún así Dios se refiere a él como un necio.

¿Cuál era el problema del hombre rico? Según parece, el hombre parecía pensar que lo que poseía era en realidad suyo. Como lo demuestra esta parábola, creer eso es muy tonto.

Los Artículos de Ética 6 y 9 dicen lo siguiente:

> **Declaro que seré fiel administrador de mi tiempo y mis dones, mi dinero y mis posesiones; mi cuerpo, mi mente y mi espíritu; sabiendo que le debo rendir cuentas a Dios.**

> **Declaro que hasta donde me sea posible me comprometeré activamente en la vida y el trabajo, en las reuniones y el testimonio del Cuerpo, contribuyendo con la mayor proporción posible de mis ingresos al sostén de sus ministerios y del trabajo mundial del Ejército de Salvación.**

Esta responsabilidad ante Dios refleja su legítima propiedad. Como lo dice el coro de la canción #482 del cancionero del Ejército de Salvación: "Cada don perfecto proviene del Señor".

Nuestro puesto es el de un "administrador", una palabra que más o menos significa "encargado". Dios nos ha confiado muchas cosas, casi como si fueran nuestras, y espera que las administremos por Él. Ya que Dios nos ha llamado al Ejército de Salvación, es razonable esperar que muchos de nuestros recursos se canalicen al servicio a través de nuestro Cuerpo local. El **Artículo de Ética 6** menciona específicamente tiempo y dones, dinero y posesiones, cuerpo, mente y espíritu. Aquí hay algunas escrituras para considerar:

Salmo 24:1 *Del SEÑOR es la tierra y todo cuanto hay en ella, el mundo y cuantos lo habitan.*

Oseas 2:5, 8-9 (RV60) *Ella dijo: "Iré tras mis amantes, que me dan mi pan y mi agua, mi lana y mi lino, mi aceite y mis bebida"...Ella no reconoció que yo le daba el trigo, el vino y el aceite y le multipliqué la plata y el oro, que ofrecían a Baal.*

Malaquías 3:8-10 *¿Acaso roba el hombre a Dios? ¡Ustedes me están robando! Y todavía preguntan "¿En qué te robamos?" En los diezmos y en las ofrendas. Ustedes—la nación entera—están bajo gran maldición, pues es a mí a quien están robando. Traigan íntegro el diezmo para los fondos del templo, y así habrá alimento en mi casa. Pruébenme en esto—dice el SEÑOR Todopoderoso—, y vean si no abro las compuertas del cielo y derramo sobre ustedes bendición hasta que sobreabunde.*

Mateo 6:31-33 *Así que no se preocupen diciendo: "¿Qué comeremos?" o "¿Qué beberemos?" o "¿Con qué nos vestiremos?" Porque los paganos andan tras todas estas cosas, y el Padre celestial sabe que ustedes las necesitan. Más bien, busquen primeramente el reino de Dios y su justicia, y todas estas cosas les serán añadidas.*

¿Cómo se convierte uno en un buen administrador de aquello que Dios le ha confiado? El primer paso es preguntar, ¿Qué me ha dado Dios para administrar? Usted tiene 24 horas cada día. ¿Cómo las usa? Usted ha recibido ciertos talentos y dones. ¿Qué está haciendo con ellos? Usted ha recibido una mayor o menor cantidad de bienes materiales. ¿Cómo los está invirtiendo? Por último, usted se tiene a sí mismo, su cuerpo, su mente, su espíritu. ¿Cómo los está utilizando?

Como personas que respondemos ante Dios, nuestra meta debe ser glorificar a Dios en todas las cosas. Esta meta puede ser dividida en metas más específicas: traer a los perdidos a Jesús, y, en el nombre de Cristo, ayudar a los débiles, los pobres y los que sufren. O, como dice el **Artículo 9**, una de nuestras metas más específicas debería ser "comprometerse activamente en la vida y el trabajo, en las reuniones y testimonio del Cuerpo, contribuyendo con la mayor proporción posible de mis ingresos al sostén de sus ministerios y del trabajo mundial del Ejército de Salvación".

Tiempo

Piense primero sobre su tiempo. El tiempo es un recurso valioso, uno que deberíamos usar para la gloria de Dios, como leemos en **Colosenses 3:17 y 23**: *Y todo lo que hagan, de palabra o de obra, háganlo en el nombre del Señor Jesús, dando gracias a Dios el Padre por medio de él. . . Hagan lo que hagan, trabajen de buena gana, como para el Señor y no como para nadie en este mundo.*

Escribo periódicamente en un cuaderno y llevo el registro de lo que estoy haciendo cada 15 minutos, más o menos. Le recomiendo mucho que intente este ejercicio. Registre cuánto tiempo pasa comiendo, bañándose y vistiéndose, descansando, durmiendo, yendo al trabajo o a la escuela, en pocas palabras, ¡registre todo lo que haga! Entonces tendrá una idea más o menos acertada de cómo pasa su tiempo (digo "**más o menos** acertada" porque, personalmente tiendo a ser un poco más diligente durante esas semanas en que registro mis actividades. Tengo que tenerlo en cuenta cuando evalúo el total).

Como regla general, creo que la mayoría de la gente necesita la experiencia semanal de por lo menos un domingo de adoración, la experiencia de crecimiento de un grupo pequeño (grupo de estudio bíblico, grupo de oración o algo parecido), y por lo menos una vía de servicio cristiano al prójimo, así como un tiempo diario de solitud (pasar tiempo personal solo, en oración, y lectura de la Biblia). Esto totaliza por lo regular como 10 u 11 horas que uno pasa directamente con Dios cada semana, o aproximadamente un décimo de las horas que pasa despierto cada semana.

Dones y talentos

Usted también ha recibido de Dios dones y talentos. Las personas tienen actitudes extrañas respecto a esto. Algunas veces encontramos personas vanidosas que tienen una idea tan exagerada de su propia importancia y habilidades que nadie los soporta. Otras personas se menosprecian mucho a sí mismas. Parecen creer que no valen nada y que no pueden hacer nada significativo. Pocas veces he conocido individuos que no se hacen ilusiones sobre sus dones. Ellos saben lo que pueden hacer bien, pero permanecen humildes porque saben que no es su propia habilidad. Estas personas maduras aceptan tanto sus talentos y sus limitaciones como algo que han recibido de Dios.

¿Cuáles son sus dones? La Biblia enumera una lista de dones.

1 Corintios 12:7-11 *A cada uno se le da una manifestación especial del Espíritu para el bien de los demás. A unos Dios les da por el Espíritu palabra de sabiduría; a* *otros, por el mismo Espíritu, palabra de conocimiento; a otros, fe por medio del mismo Espíritu; a otros, y por ese mismo Espíritu, dones para sanar enfermos; a otros, poderes milagrosos; a otros, profecía; a otros, el discernir espíritus; a otros, el hablar en diversas lenguas; y a otros, el interpretar lenguas. Todo esto lo hace un mismo y único Espíritu, quien reparte a cada uno según él lo determina.*

Romanos 12:6-8 *Tenemos dones diferentes, según la gracia que se nos ha dado. Si el don de alguien es el de profecía, que lo use en proporción con su fe; si es el de prestar un servicio, que lo preste; si es el de enseñar, que enseñe; si es el de animar a otros, que los anime; si es el de socorrer a los necesitados; que dé con generosidad; si es el de dirigir, que dirija con esmero; si es el de mostrar compasión, que lo haga con alegría.*

Efesios 4:11-12 *Él mismo constituyó a unos, apóstoles; a otros, profetas; a otros, evangelistas; y a otros, pastores y maestros, a fin de capacitar al pueblo de Dios para la obra de servicio, para edificar el cuerpo de Cristo.*

Los inventarios de dones espirituales están disponibles para ayudarlo a descubrir sus dones y talentos. Es muy probable que usted los encuentre divertidos y útiles, pero por ahora, sólo piense en qué es hábil usted. ¿Qué le gusta hacer? ¿Qué le proporciona satisfacción? Quizás pueda pensar en una gran lista de cosas; quizás nada se le ocurra. Pero si usted es cristiano puede saber, tomando como base la Escritura, que Dios le ha dado por lo menos un don para que lo use para su gloria. Quizás muchos. **1 Corintios 12:11** dice: *. . .quien reparte a cada uno según él lo determina.* Por lo tanto, ¿cuál es su don? Ahora, la pregunta realmente importante: ¿Qué está haciendo con ese don o esos dones?

Mi esposa ve detalles que a mí se me pasan por alto. Esa atención al detalle es un don. Ella lo usa para planear eventos hasta el último detalle para que nada pueda salir mal.

La Sargento Primero del Cuerpo Erna Faust tiene la habilidad de hacer que las personas se sientan bienvenidas. Todos los que entran al Cuerpo que asiste ella son recibidos con un notable sentido de amor. La Sra. Bauer era una refugiada rumana que se ofreció voluntariamente a planchar nuestra ropa para que mi esposa y yo pudiéramos tener más tiempo para el ministerio. Su amiga, la Sra. Leonard, era una excelente costurera que hizo unas marionetas de tela para el teatro que los jóvenes de ese Cuerpo utilizaban para evangelizar.

Usted es una persona que tiene un talento o talentos. ¿Cómo los está invirtiendo?

Dinero y posesiones

Un amigo cercano me dijo que cuando vino al Señor, sus finanzas eran un desastre. No las había manejado muy bien antes de convertirse en cristiano, y sus hábitos no cambiaron de inmediato. Pero, debido a que era un administrador de los recursos de Dios, sabía que debía esforzarse para mejorar su manejo del dinero. Lo hizo. Posteriormente fue nombrado tesorero del Cuerpo. Ahora es capitán auxiliar y ha asumido los deberes—incluyendo el manejo financiero—de un oficial directivo.

Al comienzo de este capítulo leímos algunos versículos de Malaquías que se referían al diezmo. El diezmo es el 10 por ciento de sus ingresos que aparta para Dios. Diezmar no es sólo dar con regularidad cualquier cantidad. Es diezmo sólo si la cantidad que usted da regularmente es el 10 por ciento total de sus ingresos. Por consiguiente, si una persona gana $10 por cuidar niños, su diezmo es $1.

O, si usted gana $13,000 por año, su diezmo anual es $1,300.

Eso es alrededor de $108 mensuales o $25 semanales.

Si usted gana $20,000 por año, su diezmo anual es $2,000.

Eso es alrededor de $167 mensuales o $38.50 semanales.

Si usted gana $50,000 por año, su diezmo anual es $5,000.

Eso es alrededor de $416 mensuales o $96 semanales.

Si usted gana $80,000 por año, su diezmo anual es $8,000.

Eso es alrededor de $667 mensuales o $154 semanales.

Los diezmos y las ofrendas, el dinero que le damos a Dios por encima del 10 por ciento básico, pueden ser utilizados para muchas cosas. El diezmo original en el Antiguo Testamento era para pagar el mantenimiento del Tabernáculo y después el del Templo, así como para mantener a los levitas, que hacían el trabajo de pastores. Se esperaba que los levitas, a su vez, diezmaran de lo que recibían (**Números 18:23-29**). El diezmo también se usaba para propósitos sociales (**Deuteronomio 14:28-29**). Una ofrenda adicional, en la forma de productos que se dejaba intencionalmente en los campos, constituía una parte del antiguo sistema hebreo de asistencia social (**Deuteronomio 24:19-22**). En la misma forma que se mantenía a los levitas en el Antiguo Testamento, nosotros también podemos usar nuestros diezmos y ofrendas para los gastos de la iglesia, así como para los propósitos de asistencia social.

La primera porción de su diezmo debería ir siempre para su Cuerpo, esto es, para la comunidad de creyentes que lo sostienen espiritualmente. El resto puede ir a los Servicios

Mundiales (misiones del Ejército de Salvación) o para sostener ministerios específicos. Algunas personas, en forma muy legítima, compran casetes o libros cristianos para regalar a las personas a quienes están testificando.

El diezmo no es sólo sobre dinero, sino también sobre posesiones. Todas las cosas que poseemos pertenecen a Dios y debemos usarlas para su gloria. Las cosas materiales no tienen que regalarse para ser usadas para Dios, aunque puede hacerse. Cuando nuestra familia se ha mudado a otro continente (cinco veces ya), en lugar de tratar de vender todas esas cosas que era imposible o impráctico llevar con nosotros, primero tratamos de pensar en personas que podrían usarlas. En lugar de vender esos artículos por una fracción de su valor, normalmente los regalamos. Vimos esto como una forma de administración.

La mayor parte de nuestras posesiones, sin embargo, se deben usar para la gloria de Dios. Casas, coches, equipos, libros: ¡usamos todo para glorificar a Dios! Necesitamos desarrollar el hábito de ver todo lo que poseemos como propiedad de Dios, para ser usado en una forma que le agrade a Él.

Esta actitud necesita convertirse en un hábito para un dedicado seguidor de Cristo. Debemos estar tan concentrados en su reino y gloria que el dinero y las cosas no tengan importancia para nosotros; pero, por desgracia, el materialismo está bueno y sano en muchos de nosotros. El mejor indicador de su condición espiritual es su billetera. ¿O no es eso a lo que Jesús se refería cuando dijo, *Porque donde esté tu tesoro, allí estará también tu corazón* (**Mateo 6:21**)?

Cuerpo, mente y espíritu

La última categoría de las cosas por las que somos responsables ante Dios son el **cuerpo**, la **mente** y el **espíritu**. El capítulo 12 cubrió parte de esto, donde el énfasis estaba en la importancia de estar llenos con cosas puras (**Filipenses 4:8**). En el próximo capítulo hablaremos de cómo evitar contaminar nuestro cuerpo, mente y espíritu.

Preguntas para discusión:

1. ¿Qué es un "administrador" en la forma en que se usa en este capítulo?

2. ¿Qué dice la Biblia sobre cómo usamos lo que se nos ha confiado?

3. ¿Qué significa ser un buen administrador del tiempo?

4. ¿Cuáles de sus dones espirituales ha identificado? ¿Cómo los está utilizando para la gloria de Dios?

5. ¿Qué porcentaje de sus ingresos ha destinado para que Dios lo use? ¿Cómo puede compararlo con la cantidad que gasta en distracciones, entretenimiento y lujos (cosas como salir a comer regularmente, TV por cable, ropa de diseñador, coches lujosos, barcos, vacaciones exóticas, etc.)?

6. Si Jesús examinara su inventario, ¿encontraría cosas que harían que usted se sintiera avergonzado? Si es así, ¿por qué compró esas cosas? ¿Qué va a hacer ahora con ellas?

7. ¿Qué cambios tendría que hacer para asegurarse de que su tiempo, sus talentos y su dinero se usen de forma que agraden a Dios?

Capítulo 16

Artículo de Ética 7
¡No más cadenas que nos aten!

Si usted sabe algo sobre El Ejército de Salvación, probablemente sabe que se supone que los salvacionistas no deben tomar bebidas alcohólicas o usar tabaco. Pero tenemos más que eso en nuestra lista de tabúes. El **Artículo de Ética 7** establece:

> **Declaro que me abstendré del uso de bebidas alcohólicas, tabaco, drogas que producen adicción, salvo aquellas prescritas por un médico, de los juegos de azar, de la pornografía, de las ciencias ocultas y de todo aquello que podría esclavizar mi cuerpo, mi mente o mi espíritu.**

Vaya lista. Personalmente, ¡me alegro que sea tan detallada!

¿Qué tienen en común el alcohol, otras drogas, el tabaco, los juegos de azar, la pornografía y lo oculto? Todos son adictivos y destructivos. Todos pueden esclavizar al cuerpo y/o al espíritu.

Todos sabemos sobre los alcohólicos y los adictos a las drogas. Muchos antiguos alcohólicos me han dicho que pudieron dejar la bebida, pero que fumar era completamente diferente. Los juegos de azar están ganando la aceptación pública. La lotería del estado ha abierto sus compuertas, y ahora los casinos, el póquer de video, los barcos en el río y otras formas de juegos de azar proliferan en la sociedad. Ya no tienen el estigma que tuvieron alguna vez, y mucha gente, por consiguiente, ha caído sin restricción en esta adicción también. La pornografía es en gran manera adictiva, y lo oculto... bueno, ¡lo oculto es una clase aparte!

Veamos uno a la vez.

Uso del tabaco

La información de los peligros del tabaco está tan disponible que nadie debería cuestionar los riesgos para la salud que están involucrados por su uso. Además de ser peligroso, sucio y desconsiderado con los demás, el tabaco es un despilfarro de dinero. ¿Por qué pagar por algo que sólo tiene aspectos negativos? Claro, algunos fumadores dicen que tiene un buen sabor. Como alguien que nunca ha fumado, no puedo negarlo. Pero muchos ex fumadores que conozco dicen que después que dejaron de fumar, sus papilas gustativas revivieron y ¡empezaron a sentir el sabor de todo otra vez! ¿Podría ser esta una razón por la que algunas personas suben de peso cuando dejan de fumar?

Pero, ¿es pecado fumar? Pienso que todos haríamos bien en no fumar, pero puede que sea un tanto exagerado condenar como pecadores a todos los fumadores. Así que, ¿por qué está prohibido para los salvacionistas? Básicamente por dos razones:

1. Fumar ensucia la casa de Dios.

1 Corintios 3:16-17 *¿No saben que ustedes son templo de Dios y que el Espíritu de Dios habita en ustedes? Si alguno destruye el templo de Dios, él mismo será destruido por Dios; porque el templo de Dios es sagrado, y ustedes son ese templo.*

1 Corintios 6:19-20 *¿Acaso no saben que su cuerpo es templo del Espíritu Santo, quien está en ustedes y al que han recibido de parte de Dios? Ustedes no son sus propios dueños; fueron comprados por un precio. Por tanto, honren con su cuerpo a Dios.*

Todos hemos visto fotos de los pulmones carbonizados de los fumadores. Se ven como casas quemadas, y ¡eso no está lejos de la realidad! Si somos el templo de Dios, debemos cuidar mejor de ese templo. No hay necesidad de llenarlo con gases tóxicos.

2. *Fumar es adictivo. Las personas liberadas por Cristo no deberían volverse esclavas de una mala hierba.*

Me explicaron la adicción a la nicotina así: Su cerebro produce un químico (dopamina) para ayudarle a estar en un nivel razonable de bienestar. Este mismo químico se encuentra en el tabaco. Las primeras veces que fuma recibe una "doble dosis" de esto y se siente ¡muy bien! Pero, si comienza a fumar regularmente, el cerebro detiene la producción de esto. Por lo tanto, si deja de fumar, recibe muy poca dopamina y se siente un tanto decaído. Al fumar ha logrado entrenar a su cuerpo a "importar" lo que acostumbraba a producir en forma interior. Se ha convertido en esclavo del tabaco. Y aunque el tabaco nunca se menciona en la Biblia, la esclavitud sí: *Cristo nos libertó para que vivamos en libertad. Por lo tanto, manténganse firmes y no se sometan nuevamente al yugo de esclavitud* (**Gálatas 5:1**).

Uso del alcohol

Algunos versículos de la Escritura parecen consentir el uso del alcohol. Las personas que nada saben de la Biblia se han sentido muy satisfechas al señalarme que Pablo le aconsejaba a Timoteo, *No sigas bebiendo sólo agua; toma también un poco de vino a causa de tu mal de estómago y tus frecuentes enfermedades* (**1 Timoteo 5:23**). A eruditos más avanzados de la Biblia también les gusta señalar que el vino. . .*alegra el corazón del hombre* (**Salmo 104:15a, RV60**). Tomar una cerveza no es un pecado, pero sí lo es el emborracharse. Considere estas escrituras:

Proverbios 20:1 *El vino lleva a la insolencia, y la bebida* *embriagante al escándalo.*

1 Corintios 5:11 *Pero en esta carta quiero aclararles que no deben relacionarse con nadie que, llamándose hermano, sea inmoral o avaro, idólatra calumniador, borracho o estafador. Con tal persona ni siquiera deben juntarse para comer.*

1 Corintios 6:9b-10 *¡No se dejen engañar! Ni...los borrachos, ni los calumniadores, ni los estafadores, heredarán el reino de Dios.*

Romanos 13:13 *Vivamos decentemente, como a la luz del día, no en orgías ni borracheras, ni en inmoralidad sexual y libertinaje, ni en disensiones y envidias.*

Gálatas 5:19-21 *Las obras de la naturaleza pecaminosa se conocen bien: . . . borracheras, orgías, y otras cosas parecidas. Les advierto ahora, como antes lo hice, que los que practican tales cosas no heredarán el reino de Dios.*

1 Pedro 4:3 *Pues ya basta con el tiempo que han desperdiciado haciendo lo que agrada a los incrédulos, entregados al desenfreno, a las pasiones, a las borracheras, a las orgías, a las parrandas y a las idolatrías abominables.*

Nadie, nunca, levanta un vaso y se dice a sí mismo, "Siempre he querido ser un alcohólico. ¡Ahora es un buen momento para comenzar!" Pero millones de personas han comenzado lentamente a ser tan dependientes de la droga que descubren que es imposible dejarla. Ese primer trago puede que no sea un pecado, pero hay un cierto riesgo calculado involucrado al tomarlo. Cualquiera que tome lo suficiente, por el tiempo suficiente, se volverá adicto.

No es que los salvacionistas podemos despreciar a un alcohólico, muchos de nosotros tenemos ese tipo de antecedentes. Mi abuelo alcohólico se arrodilló ante un tambor en una reunión al aire libre, recibió a Jesús y rompió la cadena. Estas son mis raíces y no me atrevo a olvidarlas.

Los salvacionistas se comprometen a no usar bebidas alcohólicas, no para mirar por encima del hombro a los alcohólicos, sino para solidarizarse con ellos. Al no tomar alcohol nos ponemos al lado de millones de personas que no se atreven a tomar un trago. Al ser una camaradería de abstemios, podemos ofrecer camaradería a aquellos cuyas vidas dependen de su abstención. Un Cuerpo en el que servía regularmente tenía hasta 30 hombres de la calle que asistían a nuestros servicios dominicales. La mayoría eran alcohólicos. Uno de ellos preguntó, "¿Nunca toman? ¿Ni siquiera en una boda?" Para él era importante saber que hay personas "normales" que también se abstienen del alcohol, ¡hasta en las bodas!

Aunque usted no sea un alcohólico, usted ha hecho una buena decisión si, por solidaridad, elige no beber con aquellos que no saben beber responsablemente. Los nazareos que se mencionan en el Antiguo Testamento se abstenían del vino y de las bebidas fuertes, entre otras cosas. A los sacerdotes que oficiaban se les prohibía tocar las bebidas alcohólicas. Esto era una señal de pureza para ellos. En **1 Corintios 8:9-13** Pablo se refiere a este principio de abstinencia como una expresión de solidaridad:

> *Sin embargo, tengan cuidado de que su libertad no se convierta en motivo de tropiezo para los débiles. Porque si alguien de conciencia débil te ve a ti, que tienes este conocimiento, comer en el templo de un ídolo, ¿no se sentirá animado a comer lo que ha sido sacrificado a los ídolos? Entonces ese hermano débil, por quien Cristo murió, se perderá a causa de tu conocimiento. Al pecar así contra los hermanos, hiriendo su débil conciencia, pecan ustedes contra Cristo. Por lo tanto, si mi comida ocasiona la caída de mi hermano, no comeré carne jamás, para no hacerlo caer en pecado.*

Desde luego, la preocupación que expresa Pablo sobre la esclavitud y la profanación del templo de Dios, que mencionamos en relación con el uso del tabaco, también se aplica.

Uso de otras drogas

La mayoría de la gente habla sobre "el alcohol y las drogas", cuando deberían decir "el alcohol y otras drogas". El alcohol es una droga, y todo lo que hemos dicho sobre él se aplica a estas otras drogas adictivas. Se debe tomar en cuenta un factor adicional muy importante: por lo regular, las otras drogas son ilegales. De pronto también debería examinarse **Romanos 13:1**: *Todos deben someterse a las autoridades públicas, pues no hay autoridad que Dios no haya dispuesto, así que las que existen fueron establecidas por él.* Si Dios ha establecido nuestro gobierno, simplemente no podemos ser arrogantes y romper las leyes.

Por cierto, contrario a la opinión popular, las drogas ilegales son muy dañinas. Las investigaciones señalan claramente que la marihuana, por ejemplo, daña el cerebro. Lo que es menos conocido es que la marihuana es un contaminante para los pulmones, el corazón y el sistema vascular, muchas veces más poderoso que el tabaco. Hay muchas razones para simplemente decir "¡no!"

Juegos de azar

La gente ha participado en los juegos de azar casi desde el principio de los tiempos. Por lo regular nos enfocamos en el perjuicio a los perdedores involucrados en este tipo de juegos. Ese daño es considerable. El adicto a los juegos de azar no sólo tiene que lidiar con su compulsión, como cualquier otro adicto, sino que normalmente acumula grandes deudas. Un apostador se acercó a mí para pedirme ayuda porque tenía deudas de juego que equivalían a ingresos de casi dos años de trabajo. Dondequiera que se abre un casino se incrementa de manera dramática el trabajo social a nuestra clientela

Todos sabemos que los perdedores pierden, pero a menudo ¡los ganadores se convierten en perdedores! Por supuesto, los pequeños ganadores tienden a quedar enganchados y pierden, poquito a poco, mucho más de lo que podrían recuperar jamás; sin embargo, los estudios indican que hasta los grandes ganadores pierden. En la euforia de la súbita riqueza, a menudo renuncian a su trabajo, y después gastan sus ganancias en un año, más o menos. Muchas veces se han acostumbrado a gastar de tal manera que no sólo ya no tienen más dinero, sino que también han acumulado deudas considerables. Con frecuencia sus familias se desintegran. Al final, están en bancarrota y desempleados. Muchas veces su condición es mucho peor de lo que había sido al principio.

Tres razones importantes para evitar los juegos de azar:

1. Son adictivos: como todo lo que está registrado en el **Artículo de Ética 7.**

2. Son una mala administración de los recursos que Dios nos ha confiado. ¡A usted lo meterían a la cárcel por apostar el dinero de alguien más! *Ahora bien, a los que reciben un encargo se les exige que demuestren ser dignos de confianza* (**1 Corintios 4:2**).

3. Son una fuente de ambición y codicia; que nos llevan a violar el décimo mandamiento que se nos da en **Éxodo 20:17 (RV60):** *No codiciarás. . .ni cosa alguna de tu prójimo.*

Los juegos de azar se han convertido en algo más aceptable socialmente, pero los salvacionistas deben mantenerse alejados de ellos. Los peligros personales son demasiado grandes, y ciertamente no queremos alentar a otros a esta práctica despreciable con nuestro mal ejemplo.

Pornografía

¿Por qué usa pornografía la gente? Obviamente, para la estimulación sexual. O, para usar un lenguaje sutil pero arcaico: ¡para despertar la lujuria! Compare esto con lo que dijo Jesús en **Mateo 5:27-28**:

> *"Ustedes han oído que se dijo: 'No cometas adulterio'. Pero yo les digo que cualquiera que mira a una mujer y la codicia ya ha cometido adulterio con ella en el corazón".*

"Pero es sólo una imagen", dice usted. "¡No es real!" No creo que le importe mucho a Dios. Si usted no está casado con la mujer bien proporcionada de la revista o de la pantalla, sus pensamientos son pecaminosos. Simplemente, ¡usted está codiciando por medio de la tecnología moderna!

Parece que cuanto más moderna es la tecnología, más perniciosa es la pornografía. Las películas son más gráficas que las revistas. Las videocaseteras hacen que la pornografía explícita sea más difícil de mantener fuera del alcance de los menores y de los adultos débiles. Las computadoras complican el problema enormemente. Algunas personas pueden resistir la tentación de ir a ver películas pornográficas, pero con el internet a su disposición las 24 horas del día en la sala o hasta en el dormitorio, esa resistencia puede debilitarse.

Alguna pornografía es más sutil. ¿Cuántos hombres entre ustedes compran la edición de trajes de baño de *Sports Illustrated*? ¿Cuántos cristianos mantienen pósteres y calendarios con temas eróticos? El principio es el mismo, aunque las modelos estén vestidas con más modestia.

La pornografía es un asunto repugnante. Usted puede comenzar de manera muy inocente, quizás por curiosidad, o como un medio para incrementar su vida sexual dentro del matrimonio. Después de un tiempo comienza a perder su efecto y usted ahora quiere un material más fuerte. Algo de ese material más fuerte es tan perverso que en realidad es criminal; ¡y es definitivamente adictivo! La adicción sexual, que por lo regular comienza con e incluye el uso de la pornografía, es un género en crecimiento para los terapeutas. Una vez conocí a un excelente joven salvacionista que me confió que se sentía incapaz de caminar frente a una tienda de artículos sexuales sin entrar y comprar algo. ¡El pobre hombre estaba en agonía! Sabía que estaba mal, pero estaba enganchado.

Cristo nos ha hecho libres. ¡No sean esclavos de la pornografía!

Ciencias ocultas

La palabra *oculto* originalmente significaba "escondido". Ahora la aplicamos a las prácticas tales como predecir el futuro, incluyendo la lectura de las hojas de té y de la palma de la mano, percepción extrasensorial, telepatía, clarividencia, tablas ouija, astrología, la mayoría de las técnicas de meditación oriental, proyección astral, sesiones de espiritismo, satanismo y muchas más. Las prácticas de las ciencias ocultas pueden definirse en su mayoría como cualquier intento de manipular los poderes sobrenaturales para beneficio propio.

Muchos de los adivinos y practicantes similares son farsantes, pero el problema no radica en los farsantes, radica en el hecho de que algunos de esos practicantes de las ciencias ocultas están lidiando en efecto con poderes sobrenaturales. ¡Algunos de esos ocultistas son reales! Pero, ¿qué poderes están utilizando?

Hay una historia interesante en **1 Samuel 28**. El rey Saúl estaba cerca del fin de sus días. Finalmente, Dios había perdido la paciencia con él y le había quitado su bendición. Saúl iba a ir a la batalla y estaba preocupado. Dios no le respondía; no había ningún profeta para decirle al rey cuál sería el resultado. Así que fue a una adivina (**vs. 6-8**), aunque Saúl mismo había declarado anteriormente que la práctica de las ciencias ocultas era un delito capital (**v. 9**). Saúl le pidió a la adivina poder hablar con el espíritu de Samuel, y la adivina hizo lo mejor que pudo (**v.11**); pero cuando el espíritu de Samuel apareció, ¡a la mujer le dio pánico¡ (**v. 12**) Ciertamente, ¡ella no esperaba ver a Samuel!

Verán, la palabra traducida "adivina" se refiere a una persona "con un espíritu familiar". Esta mujer acostumbraba decirle a la gente que estaban viendo a sus seres queridos que ya habían partido, cuando de hecho lo que estaban viendo era una excelente imitación de esos seres por un demonio. Pero Dios asumió el control en ese momento y en efecto permitió que el espíritu de Samuel regresara para llevar un último mensaje de perdición al rey Saúl. Por lo tanto, cuando la adivina vio a Samuel y no a su espíritu familiar, ¡ella se desplomó!

Satanás y sus demonios son seres sobrenaturales. Son extremadamente poderosos y tienen acceso a información que simples mortales no podrían conocer. Los demonios no son los tipos con quienes los cristianos deberían juntarse. No me malinterpreten, Cristo es mucho más poderoso que Satanás y, en efecto, ya lo ha derrotado; pero Satanás no es alguien con quien deba uno enredarse.

La mayoría de la gente se involucra con las ciencias ocultas por curiosidad y después quedan atrapados por el presunto poder que parece estar disponible a través de las prácticas de las ciencias ocultas. Al principio parece que están en control de la magia, del demonio o de lo que sea, pero eso es solamente una ilusión. ¡El demonio siempre está firmemente en control! El resultado final es la vieja idolatría pasada de moda. Usted acaba sirviendo a un "dios" oscuro y violando el primer mandamiento (**Éxodo 20:3-5a**): *No tendrás dioses ajenos delante de mí. No te harás imagen, ni ninguna semejanza de lo que esté arriba en el cielo ni abajo en la tierra, ni en las aguas debajo de la tierra. No te inclinarás a ellas, ni las honrarás, porque yo soy Jehová tu Dios, fuerte, celoso.*

Por estas razones la Biblia habla con mucha severidad sobre el interés en las ciencias ocultas. Para los hebreos del Antiguo Testamento era un delito capital:

> **Levítico 20:27** *Cualquiera de ustedes, hombre o mujer, que sea nigromante o espiritista, será condenado a muerte. Morirá apedreado, y será responsable de su propia muerte.*
>
> **Levítico 20:6** *También me pondré en contra de quien acuda a la nigromancia y a los espiritistas, y por seguirlos se prostituya. Lo eliminaré de su pueblo.*
>
> **Deuteronomio 18:10-13** *Nadie entre los tuyos deberá sacrificar a su hijo o hija en el fuego; ni practicar adivinación brujería o hechicería; ni hacer conjuros, servir de médium espiritista o consultar a los muertos. Cualquiera que practique estas costumbres se hará abominable al SEÑOR, y por causa de ellas el SEÑOR tu Dios expulsará de tu presencia a esas naciones. A los ojos del SEÑOR tu Dios serás irreprensible.*

Debido a esto debería ser evidente por qué las prácticas de las ciencias ocultas están prohibidas en los Artículos de Guerra. Es una forma sutil de idolatría, y es extremadamente peligrosa. Jugar con las ciencias ocultas lo pone a usted a merced de Satanás. He conocido a algunas personas que de esta manera han llegado a estar bajo el poder demoníaco, y créanme, ¡ustedes no querrán unirse a ellos!

Hay una cláusula en este artículo que todavía no hemos examinado: **me abstendré de. . .todo aquello que podría esclavizar mi cuerpo, mi mente o mi espíritu.** En otras palabras, esta no es una lista exhaustiva. Aunque no podemos abstenernos de comer, como salvacionistas debemos poner especial atención a los asuntos que dan como resultado comer demasiado. Debemos ser precavidos y no convertirnos en adictos a los deportes o a la televisión, o en fanáticos de los juegos de computadora. Se nos da una razón sencilla pero convincente:

> **1 Corintios 6:19b-20** *Ustedes no son sus propios dueños; fueron comprados por un precio. Por tanto, honren con su cuerpo a Dios.*

Preguntas para discusión:

1. ¿Qué tienen en común estas cosas: uso de bebidas alcohólicas, tabaco, drogas que producen adicción, salvo aquellas prescritas por un médico; los juegos de azar; la pornografía; las ciencias ocultas?

2. ¿Es pecado fumar? ¿Por qué el Ejército de Salvación lo prohíbe específicamente para sus soldados?

3. Si fumar no se menciona de manera específica en la Biblia, ¿qué argumento bíblico sustentaría el abstenerse de fumar?

4. ¿Es pecado el uso de bebidas alcohólicas? ¿Emborracharse? ¿Por qué los Artículos de Guerra prohíben ambos?

5. ¿Cuáles son algunas buenas razones para evitar los juegos de azar?

6. ¿Qué es malo y dañino de la pornografía?

7. ¿Cuáles son algunos de los peligros que conllevan las ciencias ocultas?

8. ¿Puede usted pensar en algo más que podría "esclavizar al cuerpo y al espíritu"?

Capítulo 17

Artículos de Ética 8 y 10
Yo y mi querido Ejército de antaño

Realmente detesto decir esto, pero ¡usted podría querer unirse al Ejército de Salvación por las razones equivocadas! Quizás quiere convertirse en soldado porque le agradan las personas que asisten ahí y el estilo de adoración. Quizás se está enlistando porque se siente amado y aceptado. Quizás sólo quiere usar uno de esos atractivos uniformes. Quizás le gustan las bandas de instrumentos de bronce. Lo siento, pero todas estas son razones insuficientes para convertirse en soldado del Ejército de Salvación.

Desde luego espero que las personas de su Cuerpo reflejen una atmósfera de amor y aceptación. Y espero que el estilo de adoración sea uno que conduzca a la adoración genuina. Pero el Ejército no es sólo otra iglesia cómoda para cristianos cómodos. Las metas específicas del Ejército se detallan en el **Artículo de Ética 8**:

> **Declaro que seré fiel a los propósitos para los cuales Dios levantó al Ejército de Salvación, compartiendo las buenas nuevas de Jesucristo, tratando de ganar a otros para Él, ayudando en su nombre a los necesitados y a los menos privilegiados.**

Por supuesto, la meta suprema de todo cristiano es—o debería ser—darle a Dios la gloria que le pertenece. Este artículo expresa de manera muy clara dos caminos importantes para alcanzar esa meta:

1. Compartir las buenas nuevas de Jesucristo, es decir, esforzarse por ganar a otros para Él,

2. Atender a los necesitados y a los menos privilegiados en su nombre.

Estos dos énfasis no son sólo para los salvacionistas; son verdades bíblicas válidas para cualquier cristiano. Aquí hay algunas escrituras que nos llaman a esta primera manera de traerle gloria a Dios:

> **1 Crónicas 16:23-24** *¡Que toda la tierra cante al SEÑOR! ¡Proclamen su salvación cada día! Anuncien su gloria <u>entre las naciones</u>, y sus maravillas a <u>todos los pueblos</u>.*
>
> **Salmo 46:10** *"Quédense quietos, reconozcan que yo soy Dios. ¡Yo seré exaltado <u>entre las naciones</u>! ¡Yo seré enaltecido en la tierra!"*
>
> **Salmo 67:2** *Para que se conozcan en la tierra sus caminos, y <u>entre todas las naciones</u> su salvación.*
>
> **Salmo 117:1** *¡Alaben al SEÑOR <u>naciones todas</u>! ¡<u>Pueblos todos</u> cántenle alabanzas!*
>
> **Marcos 16:15** *"Vayan por <u>todo el mundo</u> y anuncien las buenas nuevas <u>a toda criatura</u>".*
>
> **Hechos 1:8b** *. . .y serán mis testigos tanto en Jerusalén como en toda Judea y Samaria, y <u>hasta los confines de la tierra</u>.*
>
> **2 Timoteo 4:2a, 5** *Predica la Palabra; persiste en hacerlo, sea o no sea oportuno; corrige, reprende y anima con mucha paciencia, sin dejar de enseñar. . . .Tú, por el contrario, sé prudente en todas las circunstancias, soporta los sufrimientos, <u>dedícate a la evangelización</u>; cumple con los deberes de tu ministerio.*

Deberíamos compartir las buenas nuevas de Cristo por muchas razones. Muchos Cuerpos del Ejército de Salvación están escasos de trabajadores. Necesitamos más líderes, más personas que diezmen, más *personas* para poder hacer el trabajo. En un nivel más alto, estamos obligados a compartir a Cristo por simple obediencia, ya que la Biblia nos dice que debemos hacerlo para compartir las buenas nuevas. Todavía más, tratamos de ganar a otros para Cristo porque estamos preocupados por su eternidad. Nuestro amor por los eternamente perdidos nos motiva a buscarlos para enseñarles lo mejor de la vida eterna en Jesús. Esta es una gran motivación, pero aún mayor es el conocimiento de que Dios es Dios, y en la medida en que aunque sólo una persona no lo esté glorificando, entonces, ¡se le está robando a Dios su gloria!

El segundo camino para glorificar a Dios es menos directo pero no menos importante. Como representantes de Dios en la tierra, nuestras buenas obras deberían traerle gloria.

Salmo 82:3-4 *Defiendan la causa del huérfano y del desvalido; al pobre y al oprimido háganles justicia.*
Salven al menesteroso y al necesitado; líbrenlos de la mano de los impíos.

Jeremías 22:16 *"Defendía la causa del pobre y del necesitado, y por eso le fue bien. ¿Acaso no es esto conocerme? —afirma el SEÑOR.*

Mateo 5:16 *Hagan brillar su luz delante de todos, para que ellos puedan ver las buenas obras de ustedes y alaben al Padre que está en el cielo.*

Lucas 4:18-19 *El Espíritu del Señor está sobre mí, por cuanto me ha ungido para anunciar buenas nuevas a los pobres. Me ha enviado a proclamar libertad a los cautivos y dar vista a los ciegos, a poner en libertad a los oprimidos, a pregonar el año del favor del Señor.*

1 Pedro 2:12 (RV60) *Manteniendo buena vuestra manera de vivir entre los gentiles; para que en lo que murmuran de vosotros como de malhechores, glorifiquen a Dios en el día de la visitación, al considerar vuestras buenas obras.*

Santiago 2:18 *Sin embargo, alguien dirá: "Tú tienes fe, y yo tengo obras". Pues bien, muéstrame tu fe sin las obras, y yo te mostraré la fe <u>por mis obras</u>.*

Dios tiene un lugar especial en su corazón para los pobres y los que sufren. Lo glorificamos al reconocer esto y actuar como corresponde. Al Ejército de Salvación se le ha llamado específicamente a hacer esto.

Cuando se convierte en salvacionista usted acepta hacer de estas dos maneras de glorificar a Dios sus *propias* prioridades principales. La Iglesia de Cristo no necesita más cristianos pasivos y sedentarios. Un soldado cristiano debería estar listo para el combate. No espere estar sentado y llenarse de bendiciones a menos que usted también esté activo siendo una bendición.

Usted puede aterrarse porque tiene visiones de pasar todo su tiempo libre en los barrios bajos, o parado en la esquina de la calle ondeando una Biblia y predicando. Antes que nada, esas cosas no son tan malas. Por ejemplo, yo he pasado algunos momentos muy enriquecedores en algunos vecindarios muy desagradables. Codearse con los indigentes y los adictos no es nuevo para muchos de nosotros, ¡y es muy educativo! Usted puede terminar haciendo exactamente esas mismas cosas, pero la meta real es que usted descubra un área de servicio para la que Dios le ha dado dones. Quizás ganará para Jesús a los perdidos al predicar en la esquina de la calle. En efecto, quizás sea llamado a trabajar con los adictos o los presos. Pero quizás Dios le tiene cosas guardadas que usted ni siquiera imagina.

En un Cuerpo en el que servíamos mi esposa y yo, la sargento primero tenía un don para hacer que la gente se sintiera amada y bienvenida. Ella jugó un papel importante llevando muchas personas a Jesús. Pero una vez me confió que ella nunca en su vida había explicado el evangelio a nadie. ¡El sólo pensarlo la paralizaba! ¿Era por tanto algo menos valiosa para el reino de Dios? Por supuesto que no. Las personas respondían a su amor y se mostraban mucho más abiertas después, cuando alguien más hacía la verdadera "cosecha".

Hay muchos componentes distintos que intervienen para llevar a alguien a una relación salvadora con Jesucristo. Uno de esos componentes será su trabajo. Todo lo que tiene que hacer es ¡descubrir cuál es! *Él mismo constituyó a unos apóstoles; a otros, profetas; a otros, evangelistas; y a otros, pastores y maestros, a fin de capacitar al pueblo de Dios para la obra de servicio, para edificar el cuerpo de Cristo* (**Efesios 4:11-12**).

No todos tenemos el don de la evangelización; pero a *todos* se nos llama a ser testigos de Jesús. No todas las personas tienen el don de la misericordia, pero a todos se nos llama a amar de manera compasiva, servir y aceptar a los desamparados y a los oprimidos. Debemos usar nuestros dones "para que el cuerpo de Cristo pueda ser edificado"; sin embargo, usar apropiadamente nuestros dones no nos libera de la responsabilidad de aventurarnos en las áreas en que nos sentimos menos cómodos. Esto es lo que quiere decir el Artículo con **"seré fiel a los propósitos para los cuales Dios levantó al Ejército de Salvación"**.

En **1 Corintios 12** a la Iglesia se le describe como el Cuerpo de Cristo. Un cuerpo saludable necesita a todos sus miembros. Puede sobrevivir sin un dedo o dos, o sin un ojo, o sin un brazo o una pierna, pero si cualquiera de esas cosas falta, el cuerpo está limitado en lo que puede hacer. Decimos que está "discapacitado".

El Cuerpo de Cristo también necesita a todos sus miembros. Si un cristiano no está activo en su iglesia, ese cuerpo también está "discapacitado". Otro miembro debe hacer el trabajo de ese cristiano, aun si ese miembro no está muy dotado para el trabajo. La función se debe realizar, y alguien puede hacerla, pero será un poco como escribir a máquina con los dedos de los pies.

El **Artículo de Ética 10** continúa y define la relación del salvacionista con el Ejército:

> Declaro que seré fiel a los principios y prácticas del Ejército de Salvación. Seré leal a sus líderes, demostrando un espíritu salvacionista tanto en tiempo de popularidad como en tiempo de persecución.

Este es (por lo menos para mí) el artículo más difícil de explicar porque trata de mi relación con otros salvacionistas, y no está basado directamente en las Escrituras. Hay, sin embargo, una relación indirecta con las Escrituras. La idea bíblica de someterse a la autoridad apropiada es el fundamento de este artículo.

Romanos 13:1-2 *Todos deben someterse a las autoridades públicas, pues no hay autoridad que Dios no haya dispuesto, así que las que existen fueron establecidas por él. Por lo tanto, todo el que se opone a la autoridad se rebela contra lo que Dios ha instituido. Los que así proceden recibirán castigo.*

Hechos 23:5 *"Hermanos, no me había dado cuenta de que es el sumo sacerdote —respondió Pablo—; de hecho está escrito: 'No hables mal del jefe de tu pueblo'"* (aquí Pablo está citando **Éxodo 22:28**).

1 Pedro 2:17 *Den a todos el debido respeto: amen a los hermanos, teman a Dios, respeten al rey.*

Se puede decir mucho sobre la sumisión a la autoridad, sobre lo que significa y lo que no. Obviamente, sumisión y lealtad no significan que se debe obedecer cada capricho que viene de las figuras de autoridad. En una ocasión, Pedro y Juan estuvieron obligados a decirles a sus gobernantes, *Juzgad si es justo delante de Dios obedecer a vosotros antes que a Dios* (**Hechos 4:19 RV60**). Sumisión no significa que se puede abusar de uno, y lealtad no significa ser reducido a alguien que dice sí a todo. Tampoco quiere decir que se debe aceptar indiscriminadamente todo lo que viene del cuartel, ¡o de su oficial directivo!

Una vez, cuando tuve un conflicto con un oficial de alto rango, le pedí consejo a un amigo sabio. Él me preguntó si el problema era en realidad uno de diferencia de opinión. "Si te están pidiendo que peques o que consientas el pecado, entonces debes obedecer a Dios, en lugar de a los hombres", dijo. "Pero si es sólo tu opinión contra la de ellos, entonces necesitas someterte a ellos que tienen la autoridad dada por Dios". Creo que me dio una muy buena explicación, ¡aunque todavía tengo problemas para seguir su consejo!

Sin embargo, la sumisión no implica forzosamente docilidad. Tenemos todo el derecho, y hasta el deber, de expresar nuestro punto de vista en cualquier asunto con humildad y amor. Un buen líder considerará con humildad nuestra perspectiva.

Aparte del asunto de la autoridad todavía tenemos algunos problemas de definición que debemos tratar. Por ejemplo, ¿dónde encontramos detallados los "principios" del Ejército de Salvación? Puedo adivinar lo que quiere decir. Sobre la base de la historia del Ejército de Salvación parecería que el principio que gobierna al Ejército ha sido lo que podríamos llamar "pragmatismo divino": hacer lo que sea necesario para lograr las metas que Dios nos ha dado. No es necesario decir que estos métodos están limitados a las prácticas apropiadas para un discípulo de Jesucristo. Es evidente que no podemos robar para financiar nuestras operaciones, ni mentir a un posible converso. Ser un "pueblo llamado" todavía tiene prioridad sobre la conveniencia propia; por lo tanto, debemos hablar de un "pragmatismo divino".

Algunas de nuestras tradiciones más queridas comenzaron con la brillante idea de alguien de hacer algo mejor. Las bandas de instrumentos de bronce es un buen ejemplo.

Los norteamericanos no siempre son conscientes de que hace mucho que en Inglaterra son comunes las bandas idénticas a las nuestras. Ellas eran las "orquestras folklóricas" de la era Victoriana y todavía son bastante populares. Siempre pensé que nosotros los salvacionistas habíamos inventado la muy práctica idea de poner todos los instrumentos en clave de sol para que los músicos pudieran cambiar de instrumentos con relativa facilidad si surgiera la necesidad de hacerlo. Después descubrí que todas esas bandas inglesas comparten "nuestra" escala de notas. ¡No era en absoluto algo original nuestro!

La oportunidad para la primera banda de instrumentos de bronce del Ejército de Salvación fue simple. En esos días de intensa persecución, las reuniones al aire libre necesitaban protección; así que a un padre y a sus tres hijos adultos, todos fornidos trabajadores de construcción, se les pidió que se unieran a la reunión al aire libre como guardaespaldas. Ellos tocaban en una banda de instrumentos de bronce inglesa, y como broma, trajeron sus instrumentos. ¡Gualá! ¡Nació la primera banda de instrumentos de bronce!

Mi temor es que nos encariñamos tanto con algunas de estas soluciones que después no queremos renunciar a ellas a favor de algo aún mejor o más apropiado para nuestras necesidades locales.

¿Cuáles son nuestras "prácticas"? De nuevo, estas no están grabadas en granito. Cuando Frederick Booth-Tucker, el padre de las misiones del Ejército, comenzó el trabajo en la India, alteró radicalmente las prácticas del Ejército de Inglaterra para poder encajar en el ámbito local. Los oficiales dejaron de lado la ropa europea por un uniforme auténticamente indio, y cambiaron sus estilos de alojamiento y comida. Algunos hasta se cambiaron el nombre. ¡Y dio resultado! Casi de la noche a la mañana el Ejército se convirtió en una de las misiones más eficaces del subcontinente.

Siempre es apropiada alguna adaptación. Las cosas

deberían hacerse de diferente manera en Peoria de lo que se hacen en París.

Desde luego, ahora que nosotros los salvacionistas estamos ya en nuestro segundo siglo, hemos desarrollado algunas tradiciones propias. Las tradiciones siempre tienen una razón para convertirse en tradiciones y nunca deberían ser abandonadas sin pensar cuidadosamente en qué se esperaba lograr al crearlas. Si todavía se está logrando lo que se suponía que se lograría, entonces, por supuesto, debemos mantenerlas. Si se convierten en un estorbo o una distracción para un ministerio más eficaz, entonces debemos desecharlas. Esta también es una "práctica" del Ejército.

Algunas de nuestras idiosincrasias están basadas en nuestras creencias específicas. El mejor ejemplo de esto es que el Ejército no practica los llamados sacramentos. El próximo capítulo tratará este asunto con más detalle.

La frase "un espíritu salvacionista", al final del artículo, también requiere una definición. Sospecho que la mejor manera de captar lo que se quiere decir aquí es leer algunos de los clásicos de la literatura del Ejército de Salvación. Un buen lugar para comenzar es *The General Next To God, The Midnight Patrol, Trouble Doesn't Happen Next Tuesday, The Conquest of Devil's Island, Bread For My Neighbor* y otros libros muestran lo que queremos decir por "un espíritu salvacionista". Se nos reta a emular un espíritu audaz y pionero.

La frase **tiempo de popularidad como tiempo de persecución** necesita menos definición. En muchas —pero no todas— áreas del mundo, el Ejército disfruta en la actualidad de diversos grados de aceptación y hasta de admiración. Eso podría cambiar muy rápido. Ya sea que seamos apreciados o perseguidos, nuestro propósito sigue siendo el mismo: glorificar a Dios a través de una vida santa.

Preguntas para discusión:

1. ¿Qué fue lo primero que lo atrajo al Ejército de Salvación? ¿Por qué fue/es tan atractivo?

2. ¿Cuáles son "los propósitos para los que Dios levantó al Ejército de Salvación"? ¿Cómo podría usted ayudar a que el Ejército lograra esos propósitos?

3. ¿Deberían estar preocupados los salvacionistas por ambas necesidades, espirituales y sociales? ¿Por qué?

4. ¿Qué áreas de servicio considera más apropiadas para usted?

5. ¿En qué áreas de servicio está menos capacitado? ¿Le da miedo el pensar en involucrarse en esas áreas? ¿Está dispuesto a ayudar en cualquier forma si se le necesita?

6. ¿Qué cree usted que son "los principios y prácticas del Ejército de Salvación"?

7. El autor aceptó que tenía dificultad en someterse a la autoridad. ¿Tiene usted alguna dificultad con los principios o las prácticas del Ejército? ¿Cómo lidiaría con esto?

Capítulo 18

La gran vejación: Los Sacramentos

Esta es la posición del Ejército de Salvación sobre los sacramentos: *no hay ninguno*.

No estamos contra el bautismo o la comida ceremonial a la que normalmente se le llama la Cena del Señor o Comunión. Es sólo que pensamos que no son *sacramentos*. Un sacramento es algo que tiene un efecto *santificador* inherente, esto es, la ceremonia misma es sagrada y tiene el poder de hacerlo sagrado a *usted*. Nosotros no creemos eso. Esto nos une con muchos otros cristianos, algunos de los cuales han abandonado la palabra *sacramento* a favor de la palabra *ordenanza*. Ellos creen que ningún ritual tiene un valor "mágico" intrínseco, pero que Jesús ordenó ciertas ceremonias. Ellas tienen un valor simbólico, y a menudo son una bendición, pero en realidad no son sacramentos. Por tanto se observan como ordenanzas.

Si el Ejército de Salvación tomara esa posición, no tendríamos mucho problema. Hasta los sacramentalistas más radicales probablemente dirían de nosotros "¡Mm! Esos salvacionistas son un poco débiles en su teología, ¡pero bautizan y celebran la Cena del Señor!" El único problema está en que ni bautizamos ni celebramos la Cena del Señor. No creemos que esas ceremonias fueron ordenadas por Jesús.

No siempre fue así. En los primeros días del Ejército, las personas se bautizaban y la comunión se servía cada mes en los diversos Cuerpos, como en muchas otras iglesias. Pero, después, alrededor de 1880, dejaron de practicarse esas ceremonias. Había una cantidad de razones prácticas apremiantes para abandonar los sacramentos:

1. **El uso del vino para la comunión era universal.** Esto era inimaginable para el Ejército, que tenía un gran número de miembros que eran alcohólicos. Algunos salvacionistas que eran alcohólicos en recuperación intentaron tomar la comunión en las iglesias que servían vino y cayeron de nuevo en su adicción (en la época Victoriana no se disponía del jugo de uva. El proceso para prevenir la fermentación de las uvas, que permitiría una vida razonable en los estantes al jugo de uva, no se desarrolló hasta algunos años después). El Ejército intentó experimentar con "gelatinas" aguadas (gelatinas con sabor) en lugar de vino, pero eso no resultó satisfactorio. En algunas ocasiones se sustituyó por agua, pero también tuvo un éxito limitado. Las reglas del Ejército permiten una "Fiesta de Amor". A menudo esto es muy similar a la Cena del Señor de acuerdo a la práctica de otras iglesias, excepto que se sirve agua en lugar de vino o jugo. La Fiesta de Amor ha tomado otras formas en la historia. Algunas veces son básicamente reuniones en las que todo el mundo trae algo de comer para compartir y que enfatizan nuestra camaradería común con nuestro Señor Jesucristo.

2. **Existía confusión sobre quién debía presidir legítimamente los sacramentos.** El Ejército aplicaba de manera consistente el principio del sacerdocio de todos los creyentes—defendido por Martín Lutero— ¡con mucha más consistencia que los mismos luteranos y muchos de los otros que se supone creían en este sacerdocio universal! Con referencia a los sacramentos, esto significaría que cualquier salvacionista (o, en efecto, cualquier cristiano) podría bautizar u ofrecer la comunión. Esto, por supuesto, incluiría a las mujeres. Obviamente, si las mujeres predicadoras fueron un impedimento para muchos, las niñeras, las sirvientas y las prostitutas convertidas, al impartir la comunión, provocarían que el Ejército recibiera mucha

más condenación por parte de aquellos que deberían ser sus hermanos.

3. **Existía confusión sobre quién recibiría los sacramentos.** Sería necesario el orden, considerando especialmente las multitudes escandalosas que asistían a esas primeras reuniones del Ejército. ¿Se ofrecería la comunión a todos, sin discriminación? Es muy probable que no. Entonces, ¿quién decidiría qué personas la recibían y quiénes no? Esa pregunta llevaría, de seguro, a un conflicto innecesario sobre una práctica que pretendía promover la reconciliación. Algunas iglesias todavía experimentan ese conflicto en la actualidad. La iglesia luterana Missouri Synod ha tratado de resolver el problema al ofrecer la Cena de Señor sólo a sus miembros. Esto es un poco arbitrario, pero probablemente una solución razonable en la medida de lo posible, a la luz de su punto de vista sobre los sacramentos. Sin embargo, debido a esto, algunos otros cristianos los consideran un poco engreídos.

Los sacramentos pueden ser controversiales. Históricamente, la controversia ha provocado un gran furor, alimentada por el choque de opiniones opuestas respecto a su práctica. Una vez, un grupo de clérigos abordaron a William Booth y le dijeron que estaba equivocado al no observar el bautismo y la comunión. "Díganme", les preguntó, "si yo comenzara a practicar los sacramentos otra vez, ¿cómo, exactamente, debería practicarlos?" Comenzaron a discutir entre ellos mismos de tal manera que Booth tuvo que gritar para restaurar el orden. "Y ésa", dijo, "es una de las razones por las que no practicamos los sacramentos".

4. **Los sacramentos han sido empleados mal de manera supersticiosa.** Los miembros de las iglesias que le dan un gran énfasis a los sacramentos a menudo han malinterpretado la posición de su iglesia extremadamente. Ahora bien, cualquiera puede no captar la idea; y cualquier iglesia puede tener una posición que la mayoría de sus pro-

pios miembros malinterpretan (muchos de los salvacionistas no comprenden en realidad cuál es nuestra posición sobre los sacramentos). Pero esta mala interpretación es más que sólo un punto teológico clave. La gente puede comenzar a creer que los sacramentos mismos quitan el pecado, por lo que usted podría encontrarse dando testimonio en un bar a un hombre completamente borracho que tienen a la esposa de alguien en sus piernas, y decirle que necesita la salvación. Pero debido a una idea supersticiosa de lo que son los sacramentos, él podría responder, "No hay problema. ¡He sido bautizado!" O, "Mañana es domingo. Iré a la iglesia y recibiré la Cena del Señor para el perdón de mis pecados. ¡Pero esta noche la voy a disfrutar!"

¿Mala teología? ¡Por supuesto! Nunca he oído de algún teólogo responsable, de cualquier creencia, que no estaría horrorizado con semejantes ideas. Pero eso era exactamente lo que pensaba la gente del tiempo de Booth. Para mala fortuna, ese tipo de pensamiento no ha desaparecido. Uno de los numerosos primos de mi esposa nos contó que en la clase de confirmación de la iglesia luterana le estaban enseñando que, al tomar la comunión, sus "pizarras morales" serían lavadas y quedarían limpias del pecado; pero que incluso mientras dejaban la mesa de la comunión para regresar a sus asientos ya estarían regresando las manchas del pecado.

Si comprendo a Lutero en lo más mínimo, él estaría indignado con tal enseñanza; pero todavía existe. Como una protesta contra tan garrafal uso incorrecto de los sacramentos, los salvacionistas de antaño decidieron que era necesario distanciarse a sí mismos de esas prácticas.

Algunos críticos dirán que el remedio adecuado para el abuso de los sacramentos no es prohibirlos, sino practicarlos apropiadamente. Esta idea tiene mérito, pero la decisión del Ejército de distanciarse del bautismo y la comunión debido al abuso tiene, en efecto, precedentes bíblicos. Uno de ellos es **2**

Reyes 18:4, que cuenta la destrucción de la serpiente de bronce que Moisés había hecho (**Números 21**) porque la gente había hecho de ella un ídolo. Otros son **Romanos 2:25-29**, y **Gálatas 5:1-6** y **11-12**, en los que Pablo declara enfáticamente que la circuncisión está obsoleta debido al mal uso por los judíos, aunque sin duda había sido "ordenada" por Dios (**Génesis 17:9-14**). Nosotros, el Ejército de Salvación, no abogamos por un abandono general del bautismo y de la Cena del Señor; más bien representamos un punto de vista y prácticas minoritarios como una protesta contra los abusos que mencionamos anteriormente.

5. **La doctrina de la santidad del Ejército proyecta una nueva luz sobre la idea de la "presencia real" de Cristo en los sacramentos.** Aquí hay una objeción teológica con implicaciones prácticas. A través de las épocas, los cristianos han comprendido la función de los sacramentos como lo que nos lleva a un contacto especial con Cristo. Uno de los términos más comunes usados para esto es "presencia real"; esto es, cuando tomamos parte en los sacramentos, venimos a la presencia de Cristo en una forma más real de lo que podría ser posible de otra manera. Los Booth, en especial Catherine, se opusieron a esto firmemente. Ella enseñó que entramos a la presencia del Señor, no a través de un rito, sino a través del ministerio del Espíritu Santo. Todo creyente tiene el privilegio de ser "santificado por completo" (vea el capítulo 10) y de vivir día a día en el poder y la pureza del Espíritu Santo. La experiencia óptima de la "presencia real" de Cristo no viene por participar en un rito, sino por ser santificados por el Espíritu Santo de Dios, seguido de la comunión diaria con Dios a través de su Espíritu.

Por supuesto que el ritual ha sido una ayuda para muchos cristianos como la representación simbólica del trabajo santificador que se ha llevado a cabo en ellos, pero para otros, la comida ritual que llamamos la Cena del Señor ha sido una piedra de tropiezo al distraerlos de la realidad interior. El énfasis apropiado debería estar en la continua comunión espiritual con Cristo. Esto es posible sólo al ser santificados por completo.

¿Puede usted experimentar la presencia de Cristo si no ha sido santificado? Por supuesto que puede; pero el término "presencia real", usado en relación a un sacramento implica que usted sólo experimenta "realmente" a Cristo a través de ese sacramento. Su experiencia del Espíritu Santo es, de alguna manera, un tanto incompleta. Es correcto decir que una relación inadecuada con Cristo limitará el ministerio del Espíritu Santo en la vida de una persona. Un cristiano que vive sin estar lleno de ese "amor perfecto" descrito en el capítulo 10, no experimentará al Espíritu Santo en la forma completa y continua que debería y podría; pero nosotros como salvacionistas rechazamos la declaración de que una relación adecuada con el Salvador depende de nuestro uso de ceremonias.

En algún momento en el año 1880 el Ejército dejó de practicar esos rituales llamados sacramentos u ordenanzas. Se alentó a los salvacionistas a asistir a la Iglesia de Inglaterra si sentían la necesidad de ellos, pero estos ritos ya no se llevaban a cabo en los Cuerpos del Ejército. Pocos salvacionistas aprovecharon esta opción, principalmente porque no eran bienvenidos en esa iglesia en esa época.

Todas las objeciones anteriores a los sacramentos no tienen significado si Jesucristo, en efecto, ordenó esos rituales. Los salvacionistas hacen gran énfasis en la obediencia a nuestro Señor, si Él dijo que bauticemos y celebremos la Cena del Señor, entonces eso es lo único que importa. Debemos ser obedientes a sus mandatos.

¿Ordenó Cristo la práctica de los sacramentos? No creo que lo haya hecho. Aquí hay algunas escrituras pertinentes en relación a la comunión:

Mateo 26:26-28 *Mientras comían, Jesús tomó pan y lo*

bendijo. Luego lo partió y se lo dio a sus discípulos, diciéndoles: "Tomen y coman; esto es mi cuerpo." Después tomó la copa, dio gracias, y se la ofreció diciéndoles: "Beban de ella todos ustedes. Esto es mi sangre del pacto, que es derramada por muchos para el perdón de pecados."

Marcos 14:22-24 *Mientras comían, Jesús tomó pan y lo bendijo. Luego lo partió y se lo dio a ellos, diciéndoles: "Tomen; esto es mi cuerpo." Después tomó una copa, dio gracias, y se la dio a ellos, y todos bebieron de ella. "Esto es mi sangre del pacto, que es derramada por muchos" les dijo.*

Lucas 22:14-20 *Cuando llegó la hora, Jesús y sus apóstoles se sentaron a la mesa. Entonces les dijo: "He tenido muchísimos deseos de comer esta Pascua con ustedes antes de padecer, pues les digo que no volveré a comerla hasta que tenga su pleno cumplimiento en el reino de Dios." Luego tomó la copa, dio gracias y dijo: "Tomen esto y repártanlo entre ustedes. Les digo que no volveré a beber del fruto de la vid hasta que venga el reino de Dios." También tomó pan y, después de dar gracias lo partió, se lo dio a ellos y dijo: "Este pan es mi cuerpo, entregado por ustedes; hagan esto en memoria de mí." De la misma manera tomó la copa después de la cena, y dijo: "Esta copa es el nuevo pacto en mi sangre, que es derramada por ustedes."*

1 Corintios 11:23-26 *Yo recibí del Señor lo mismo que les transmití a ustedes: Que el Señor Jesús, la noche en que fue traicionado, tomó pan, y después de dar gracias, lo partió y dijo: "Este pan es mi cuerpo, que por ustedes entrego; hagan esto en memoria de mí." De la misma manera, después de cenar, tomó la copa y dijo: "Esta copa es el nuevo pacto en mi sangre; hagan esto, cada vez que beban de ella, en memoria de mí." Porque cada vez que comen este pan y beben de esta copa, proclaman la muerte del Señor hasta que él venga.*

¿Dónde en estos pasajes se nos ordena practicar un sacramento? Mateo y Marcos simplemente informan lo que ocurrió en el aposento alto. El Evangelio de Juan no registra en absoluto la Última Cena. En **Lucas** y en **1 Corintios** encontramos la oración, *"Hagan esto en memoria de mí"*, pero ésa parece ser una frase un tanto débil para la institución de un sacramento que debía ser practicado por los cristianos a través de todas las épocas—especialmente porque Juan registra que Jesús usa un lenguaje mucho más fuerte para ordenar que hagamos algo que casi nadie considera un sacramento— ¡lavar los pies!

> **Juan 13:12-17** *Cuando terminó de lavarles los pies, se puso el manto y volvió a su lugar. Entonces les dijo: "¿Entienden lo que he hecho con ustedes? Ustedes me llaman Maestro y Señor, y dicen bien, porque lo soy. Pues si yo, el Señor y el Maestro, les he lavado los pies, <u>también ustedes deben lavarse los pies los unos a los otros</u>. Les he puesto el ejemplo, <u>para que hagan lo mismo que yo he hecho</u> con ustedes. Ciertamente les aseguro que ningún siervo es más que su amo, y ningún mensajero es más que el que lo envió. ¿Entienden esto? Dichosos serán <u>si lo ponen en práctica</u>."*

No obstante, Jesús sí dijo, *"Hagan esto en memoria de mí"*. ¿Qué es lo que se supone que debemos hacer? Ciertamente, la cena de la Pascua judía que Jesús estaba comiendo tenía muy poca semejanza con el rito que los cristianos llaman la "Cena del Señor". Y la comida formal de la iglesia que se describe en **1 Corintios 11** (el abuso que llevó a Pablo a escribir lo anterior) se parece más a la reunión en la que todos llevan algo de comer, que a cualquier servicio de comunión al que yo haya asistido. Por lo tanto, ¿qué debemos hacer en memoria de Él? Aquí propongo lo que pienso que Jesús nos estaba diciendo:

Todos comemos, muchos de nosotros regularmente, varias veces al día. Hace dos mil años la gente del Medio Oriente comía un pan plano, muy parecido al pan pita griego que se encuentra en los supermercados norteamericanos. Este pan se rompe, no se corta. El vino, usualmente rebajado con agua, pero todavía de color rojo, era la bebida de primera necesidad del área. Así que cuando Jesús dijo, *"Hagan esto en memoria de mí"*, o aún, como se registra más enfáticamente en **1 Corintios**, *"hagan esto, cada vez que beban de ella, en memoria de mí"*, Él nos estaba diciendo que *"cada vez que comen este pan y beban de esta copa"* ¡recordemos el sacrificio que hizo por nosotros! Hasta el último comentario de Pablo apoyaría esto: *Porque cada vez que comen este pan y beban de esta copa, proclaman la muerte del Señor hasta que él venga.*

Mi amiga Donna es una judía cristiana (esto quiere decir, una persona judía que sigue a Jesús aunque todavía mantiene su identidad judía) que tiene una perspectiva interesante sobre esto. Ella dice que Jesús era un judío que les estaba hablando a los judíos que estaban celebrando la cena de la Pascua judía. *"Hagan esto, cada vez que beban de ella, en memoria de mí"* significaría, "Cuando quiera que celebren la Pascua judía, recuerden que yo soy el verdadero Cordero Pascual que fue sacrificado por ustedes".

Entiendo que mucha gente no estaría de acuerdo con ninguna de estas interpretaciones. Sin embargo, ¡ambas tienen por lo menos tanta verosimilitud como la interpretación que origina la institución de una ceremonia!

¿Nos ordenó Jesús bautizar? Considere los siguientes pasajes en relación al bautismo:

> **Mateo 28:19-20a** *"Por tanto, vayan y hagan discípulos de todas las naciones, bautizándolos en el nombre del Padre y del Hijo y del Espíritu Santo, enseñándoles a obedecer todo lo que les he mandado a ustedes. Y les aseguro que estaré con ustedes siempre, hasta el fin del mundo".*

El punto principal de este texto es "hacer discípulos". Bautizar y enseñar son los medios para hacer los discípulos, en lugar de la institución de un sacramento. Si esto hubiera tenido la intención de ser en realidad una ordenanza precisa y una fórmula para ser acatada por los creyentes de todos los tiempos, ¿por qué los apóstoles no obedecieron esa ordenanza? Ni una sola vez en el libro de Hechos encontramos a alguien bautizando *en el nombre del Padre y del Hijo y del Espíritu Santo*. Cuando ellos bautizaban, era siempre en el nombre de Jesús.

> **Marcos 16:15-16** *Vayan por todo el mundo y anuncien las buenas nuevas a toda criatura. El que crea y sea bautizado será salvo, pero el que no crea será condenado.*
>
> Tome nota que en este pasaje (a partir del versículo 9) faltan algunas de las partes más importantes del pergamino que desenterraron los eruditos. Es decir, la gente no está bien segura de si esto estaba realmente en la Biblia, o si se agregó después. Aun asumiendo que es la Escritura, todavía es un argumento débil para asumir que el bautismo es un sacramento.

Algunos de mis amigos sacramentalistas me imploraron con urgencia que me bautizara, ya que argumentaban que según este texto yo "sería condenado" si no estaba bautizado. Pero la situación de un creyente no bautizado no está considerada en este pasaje. Habla de las combinaciones de creer, no creer, ser bautizado y no ser bautizado. Aquí hay cuatro posibilidades:

A. Una persona cree y se bautiza.

B. Una persona cree y no se bautiza.

C. Una persona no cree y se bautiza.

D. Una persona no cree y no se bautiza.

De acuerdo a este texto, "A" está segura de la salvación. Cumple con los requisitos de creer y ser bautizada. Y ambas, "C" y "D", están seguras de la condenación porque no creen. Pero no se habla directamente de "B", el creyente no bautizado. Sencillamente, este texto no dice nada definitivo sobre esa situación.

Ambos textos que acabamos de revisar son registros de *La Gran Comisión*, en la que Jesús "comisiona" a sus discípulos a esparcir las buenas nuevas por todas partes. Existen otros tres pasajes de la "Gran Comisión": **Lucas 24:47-48, Juan 20:21** y **Hechos 1:8**. Estos tres envían a los cristianos al mundo con el evangelio, pero no hacen mención del bautismo. Si bautizar y enseñar son secundarios al punto principal de hacer discípulos, esto no debería sorprendernos. Si Jesús en realidad intentaba instituir un sacramento, habría hecho énfasis en ese sacramento en cada vez, pero no lo hace.

> **Juan 3:5,** *"Yo te aseguro que quien no nazca de agua y del Espíritu, no puede entrar en el reino de Dios"* respondió Jesús.

¿"Nacer de agua" se refiere al bautismo? Muchas personas creen que sí. Pero parece más posible que Jesús está hablando sobre el nacimiento físico y el nacimiento espiritual cuando dice, "Nazca de agua y del Espíritu". El agua es muy probablemente el líquido amniótico en el que nada un bebé antes de nacer. Cuando nació nuestro hijo menor, el doctor y la partera se colocaron en una posición poco apropiada y quedaron completamente empapados cuando "la fuente de agua" se rompió. Esta interpretación está muy bien apoyada por el paralelismo del **versículo 6**: *Lo que nace del cuerpo es cuerpo; lo que nace del Espíritu es espíritu.*

Otras escrituras apoyan una posición no sacramental del bautismo. **Juan 4:2** nos dice que Jesús no bautizaba en absoluto, pero delegaba esa función a sus discípulos. **Hechos 1:5** implica que el contraste con el bautismo por agua de Juan no es el bautismo por agua cristiano, sino más bien el bautismo del Espíritu. **Romanos 2:25** es un ejemplo de que lo importante es la verdad interior, en lugar del símbolo exterior. Y **1 Corintios 1:13-17** muestra que Pablo deseaba no haber bautizado a ninguno de los corintios (que no sería una respuesta apropiada si el bautismo fuera un sacramento) porque estaban creando mucho alboroto.

¿Por qué se bautizan los creyentes? Este era un rito de iniciación que se practicaba con regularidad. No sólo los cristianos se bautizaban, sino que los judíos y algunos paganos practicaban el bautismo como el rito de entrada de los nuevos conversos a sus religiones (sin embargo, mucha gente practicaba el "auto bautismo". Juan el Bautista fue el primero que bautizó a otros).

Nosotros los salvacionistas hacemos algo que a primera vista se asemeja muy poco al bautismo, pero sirve exactamente el mismo propósito. Enrolamos a los soldados en forma pública. El respaldo para esta sustitución viene de una fuente inesperada—el evangelista y teólogo presbiteriano del siglo XIX Charles Finney. En su sermón, "Hindrances to Revivals [Obstáculos a los Avivamientos]" dice:

"La iglesia siempre sintió que era necesario tener algo de ese tipo [el "banco de ansiedad", al que ahora llamamos "banco de penitentes" o altar] para responder a este mismo propósito. El evangelio se predicaba a la gente y entonces todos aquellos que deseaban estar del lado de Cristo eran llamados para ser bautizados. Mantenía el preciso lugar que tiene ahora el banco de ansiedad como una manifestación pública de la determinación de ser cristiano".

Permítanme que deje muy en claro una cosa:

¡El Ejército de Salvación no se opone a los sacramentos!

Después de hacer todo este esfuerzo para mostrar que el bautismo y la comunión no son sacramentos, y que Jesús nunca "ordenó" que lo fueran, ahora tengo que retroceder y decir que no hay nada malo en participar en esas ceremonias. Por lo visto, algunos salvacionistas tienen la idea de que es pecado celebrar esos ritos. ¡No lo es! Han sido una gran bendición para muchos cientos de miles de personas.

Antes de enrolarme como soldado, yo mismo fui bautizado como una forma de testimonio, y nunca me he arrepentido. Muchas veces he tomado parte en servicios de comunión y he sido bendecido por esta expresión de nuestra unidad en Cristo. Pero la política actual del Ejército de Salvación es que no practicamos estos ritos en nuestras reuniones públicas y no forman parte del sistema de nuestra iglesia.

¿Por qué no? Porque la gente todavía abusa de ellos. La gente todavía le atribuye poderes casi mágicos. En lo personal, quisiera tener el bautismo y la comunión como opciones para los salvacionistas por dos razones: Primero, algunas veces es muy incómodo explicar a la gente por qué no los practicamos, cuando casi todo el resto del mundo lo hace (hasta donde yo sé, sólo los cuáqueros comparten nuestra perspectiva. Catherine Booth estaba influenciada por el contacto personal que tenía con los cuáqueros y los escritos de individuos que subordinaban la importancia de los sacramentos a otros asuntos, en especial a su comprensión del trabajo del Espíritu Santo).

Segundo, he recibido la bendición a través de esas prácticas. Una vez, durante mis días en la universidad, dos hermanos y yo estábamos en la Unión Estudiantil discutiendo un asunto de gran preocupación para todos nosotros. Uno de ellos, un luterano, sugirió que celebráramos la Comunión juntos y después tuviéramos un tiempo de oración. Fue a la cafetería y trajo una rosquilla y una soda. El otro, un miembro de la Iglesia Evangélica Libre, sacó su Nuevo Testamento de bolsillo y leyó el pasaje de **1 Corintios** que leímos anteriormente. Después compartimos la rosquilla y la soda. Esta fue una experiencia muy significativa para mí.

Sin embargo, ya que todavía abunda el uso equivocado de los sacramentos, es bueno que nosotros seamos testimonio del poder de Dios al vivir vidas santas, en lugar de depender de los ritos que simbolizan el poder de Dios en nuestras vidas.

Preguntas para discusión:

1. ¿Qué es un sacramento? ¿Cuál es la diferencia entre un sacramento y una ordenanza?

2. ¿Cuál es la política del Ejército sobre los sacramentos?

3. ¿Por qué los primeros salvacionistas descontinuaron los sacramentos?

4. ¿Qué luz muestra nuestra doctrina de la santidad (vea el capítulo 10) sobre la idea de la "presencia real" de Cristo en los sacramentos?

5. ¿Qué encuentra convincente sobre el argumento bíblico que apoya la posición del Ejército? ¿Encuentra que alguno de los argumentos es débil?

6. ¿Cuál es la relación entre el bautismo y los soldados que se enrolan?

7. ¿Deberían los salvacionistas tratar de desanimar a otros cristianos de participar en el bautismo y la comunión? ¿Por qué sí, o por qué no?

Parte IV

El Pacto

Capítulo 19

El Pacto del Soldado

En este libro hemos examinado muy a conciencia lo que creen los salvacionistas y algunas de las expresiones prácticas de esa fe. Ahora se está acercando el momento en que firmarán los Artículos de Guerra como señal de un pacto con Dios. Puede que este santo contrato signifique muy poco cambio para usted porque usted ya cree en estas cosas y actúa de acuerdo a ellas. Por otro lado, usted puede haber identificado las áreas que todavía necesitan algún cambio. Veamos el enunciado de este pacto:

> **Después de haber aceptado a Jesucristo como mi Salvador y Señor, y deseando desempeñarme en calidad de miembro de su Iglesia en la tierra como soldado del Ejército de Salvación, aquí y ahora, por la gracia de Dios entro a este santo pacto.**

Hay prerrequisitos para este pacto. Primero que nada, usted debe haber recibido a Jesucristo como su Salvador y Señor. Esto se ha asumido como una realidad a lo largo de estas lecciones. ¿Es una suposición correcta? En nuestro estudio de la sexta, séptima y octava doctrinas establecimos que nuestra salvación depende del sacrificio de Jesús en la cruz que se nos ofrece por la gracia de Dios, y que se hace efectivo por nuestro arrepentimiento y fe. Como establece **Hechos 20:21**, *A judíos y a griegos les he instado a convertirse a Dios y a creer en nuestro Señor Jesús.* Por favor tome nota que las dos condiciones, arrepentimiento y fe, se mencionan en este versículo.

En la octava doctrina también examinamos los fundamentos para saber que le pertenecemos a Cristo. Tenemos tres indicadores importantes para nuestra salvación:

>a) **El testimonio interior del Espíritu.** *El Espíritu mismo le asegura a nuestro espíritu que somos hijos de Dios* **(Romanos 8:16).**
>
>b) **La promesa de Dios.** *Y el testimonio es éste: que Dios nos ha dado vida eterna, y esa vida está en su Hijo. El que tiene al Hijo, tiene la vida; el que no tiene al Hijo de Dios, no tiene la vida. Les escribo estas cosas a ustedes que creen en el nombre del Hijo de Dios, para que sepan que tienen vida eterna* **(1 Juan 5:11- 13).**
>
>c) **El testimonio de una vida cambiada.**

¿Sabe usted sin duda alguna que es salvo? Esto debe ser resuelto antes de que podamos seguir más adelante.

También vemos que nuestro servicio a Dios debería ser en el contexto del compañerismo de los creyentes. Nosotros afirmamos: "deseando desempeñarme en calidad de miembro de su Iglesia en la tierra como soldado del Ejército de Salvación". Usted puede haberse sentido atraído a la Iglesia Evangélica Libre, los luteranos, los bautistas, los menonitas o a algún otro cuerpo de seguidores de Cristo, pero Dios lo ha guiado al Ejército de Salvación. Usted se ha comprometido con Dios para toda la eternidad. Ahora se compromete al servicio en el Ejército hasta, o a menos, que Dios le muestre otro camino.

El enunciado de los Artículos de Guerra *solía* dar a entender que su relación con el Ejército debía ser casi tan eterna como su relación con Dios. Agradezco que ya no sea así. No queremos encadenar a Dios de esta manera. Por otro lado, si usted deja el compañerismo de su Cuerpo, debería ser como respuesta a la guía del Señor, y no sólo por un capricho suyo.

Si Dios en realidad lo ha guiado para que se convierta en un soldado del Ejército de Salvación, entonces usted podrá expresar su acuerdo con la doctrina y práctica del Ejército:

Declaro que creo en, y viviré de acuerdo con las verdades de la palabra de Dios expresadas en los once artículos de fe del Ejército de Salvación.

Hemos examinado estas once doctrinas. ¿Son las suyas? Hemos examinado la expresión práctica de esas doctrinas, los *Artículos de Ética*. ¿Está usted completamente decidido a vivir de acuerdo con lo que se ha expresado aquí? Si es así, podemos continuar:

Por tanto pido ahora a todos los presentes que sean testigos de que he contraído este pacto por mi propia y libre voluntad, convencido (a) de que el amor a Cristo, que murió y vive para salvar, demanda la dedicación de mi vida a su servicio para la salvación del mundo entero. Por tanto declaro mi completa determinación de ser, con la ayuda de Dios, un fiel soldado del Ejército de Salvación.

No es necesario decir que tal pacto sólo puede ser válido si es totalmente voluntario. Dios nunca coacciona a nadie a la salvación, y desde luego, nadie debería nunca sentirse presionado a hacerse un soldado del Ejército de Salvación. Ningún oficial, padre o madre, amigo o empleador, nunca, tiene el derecho para "torcerle el brazo" en este tipo de asunto. Los soldados reacios no son buenos para sí mismos, ni para Dios, ni para el Ejército.

Por lo tanto, tómese el tiempo que necesite. ¿Está completamente listo para hacer esta decisión? Si es así, nos regocijamos. Pero no hay prisa. Si este no es el momento apropiado, habrá otra oportunidad para que usted se enrole. Pero si, como leemos en la parte de los Artículos de Guerra que corresponde al Pacto, usted está "convencido(a) de que el amor a Cristo, que murió y vive para salvar, demanda la dedicación de mi vida a su servicio para la salvación del mundo entero", entonces, este es el momento.

¿Está usted listo para decir ahora, "declaro mi completa determinación de ser, con la ayuda de Dios, un fiel soldado del Ejército de Salvación?" Si es así, alabamos a Dios y le damos la bienvenida al compañerismo internacional de los soldados de Dios que se conoce como el Ejército de Salvación.

Preguntas para discusión:

1. ¿Cuáles son los prerrequisitos para firmar los Artículos de Guerra?

2. ¿Por qué se está uniendo al Ejército de Salvación en lugar de a alguna otra iglesia cristiana?

3. ¿Podría usted firmar (o volver a firmar) los Artículos en este mismo momento, y así confirmar todo lo que está firmando?

4. ¿En qué forma "el amor de Cristo, que murió y ahora vive para salvar, demanda la dedicación de mi vida a su servicio para la salvación del mundo entero"?

Apéndice:

Las Declaraciones de Posición

Posición del Ejército de Salvación respecto al aborto

El Ejército de Salvación cree en la santidad de la vida humana, considera que todo ser humano tiene un valor incalculable y que la vida es un don de Dios que ha de ser valorado, nutrido y redimido. La vida humana es sagrada puesto que ha sido creada a imagen de Dios y su destino es eterno (Génesis 1:27). La santidad no puede otorgarse ni arrebatarse por decreto humano.

El Ejército de Salvación rechaza la facilidad con que la sociedad acepta el aborto, lo cual refleja una falta de preocupación por las personas más vulnerables, incluyendo a los no nacidos (Salmos 82:3-4).

El Ejército de Salvación defiende los ideales cristianos de castidad antes del matrimonio y de fidelidad en el seno de la relación matrimonial, y en consonancia con estos ideales, apoya las medidas necesarias que contribuyan a prevenir los embarazos indeseados. El Ejército de Salvación se opone al aborto como método anticonceptivo, de planificación familiar, de elección del género del feto así como a cualquier otra razón de pura conveniencia que se utilice para no responsabilizarse por la concepción. Por lo tanto, cuando se produzca un embarazo indeseado, el Ejército de Salvación sugiere que se acepte tal situación y que se lleve a término el embarazo, y también ofrece toda su ayuda en el proceso de planificación del mismo.

El Ejército de Salvación reconoce que existen circunstancias trágicas e imprevisibles que requieren la toma de decisiones difíciles cuando se trata de un embarazo. Tales decisiones deberán tomarse únicamente después de mucha oración y reflexión, y con la ayuda de la familia, el pastor, los médicos y demás consejeros. Las mujeres que se encuentren en tal situación necesitan aceptación, amor y compasión.

En caso de que ya se haya practicado un aborto, el Ejército de Salvación continuará demostrando amor y compasión, y ofrecerá sus servicios y compañerismo a dichas personas.

Aprobado por la Conferencia de Comisionados
Octubre 1999 (Cuartel Internacional Mayo 2000)

Posición del Ejército de Salvación respecto al abuso

El Ejército de Salvación se compromete a mantener los principios cristianos de amor, amparo, protección y respeto de toda persona en cualquier tipo de relación que ésta se encuentre así como a facilitar un entorno sano y educativo en su ministerio para lograr estos fines.

El abuso se define como la utilización incorrecta del poder en las relaciones con los demás y se manifiesta fundamentalmente en el abuso sexual, el físico, el emocional y en la explotación con fines económicos. Las víctimas de las relaciones abusivas son en su mayoría niños, ancianos o uno de los cónyuges, fundamentalmente las mujeres.

El Ejército de Salvación se opone a todo tipo de abuso —individual o colectivo— y se esfuerza por ayudar a las víctimas del abuso así como transformar los sistemas abusivos siempre y cuando sea posible.

Aprobado por la Conferencia de Comisionados
Octubre 1998 (Cuartel Internacional Marzo 1999)

Posición del Ejército de Salvación respecto al alcohol y las drogas

El Ejército de Salvación reconoce que muchas de las drogas que son beneficiosas para la salud pueden producir dependencia. Los médicos son los únicos facultados para evaluar las ventajas y los riesgos de los medicamentos que prescriben a sus pacientes.

Se condena el uso deliberado de cualquier tipo de medicamento para inducir estados de inconsciencia o alucinación. El personal del Ejército de Salvación conoce muy bien los trastornos físicos, mentales y emocionales causados por tal abuso y reconoce que son el resultado de profundos problemas emocionales y espirituales, fundamentalmente entre los jóvenes. Por esta razón, continuará ofreciendo tratamiento médico a las víctimas de la adicción.

No cabe duda de que la adicción más común es la del alcohol, con un crecimiento exponencial en casi todo el mundo. El Ejército de Salvación reconoce el peligro espiritual y temporal inherente al consumo de bebidas alcohólicas y por esta razón, desde su fundación, ha pedido a sus soldados y oficiales que se abstengan de su ingestión. El Ejército no condena a aquellos que las consumen que no pertenecen a la organización, pero cree que la abstinencia total es la única garantía contra el exceso y los males que acarrean las adicciones.

En el Ejército creemos que la incidencia de la adicción y la facilidad con que podemos procurarnos cualquier bebida alcohólica están directamente relacionadas con la aceptación social de su consumo. Es por ello que el Ejército apoya firmemente toda legislación que limite el consumo del alcohol.

Si bien la actitud hacia las causas y el tratamiento del alcoholismo han cambiado radicalmente en los últimos cien años, el Ejército de Salvación, que cuenta con importantes programas de tratamiento en todo el mundo, piensa que la abstinencia total es la única vía que ofrece resultados satisfactorios para los adictos. Nuestros programas utilizan los mejores tratamientos médicos y psicológicos al mismo tiempo que tienen en cuenta los trastornos sociales y morales que afectan a los adictos en la mayoría de los casos. Dichos programas se basan en una amplia experiencia de rehabilitación social en la cual el poder salvador de Dios ha resultado ser el factor de transformación más eficaz y, por ende, la fuerza motriz de la rehabilitación.

Aprobado por la Conferencia de Comisionados Noviembre 1971
Revisión aprobada Mayo 1982 (Cuartel Internacional Mayo 1982)

Posición del Ejército de Salvación respecto al consumo de bebidas alcohólicas por compromiso social

El consumo de bebidas alcohólicas por compromiso social se ha convertido en un problema muy difundido debido a la presencia cada vez más frecuente del alcohol en los hogares y en las actividades sociales donde antes no se permitía su consumo.

El Ejército de Salvación —la organización de abstemios más grande del mundo— espera que todos sus miembros cumplan con la promesa de abstinencia hecha al convertirse en salvacionistas. Parte de la influencia del Ejército de Salvación en el mundo se debe al respeto que goza la organización por sus altos principios.

El hábito de beber por compromiso social para complacer a un anfitrión, anfitriona o colega deberá ser rechazado. No se tolerará ningún tipo de bebidas alcohólicas dentro de los círculos del Ejército de Salvación.

Muchas personas se arrepienten de haber tomado un trago de alcohol. Aunque un trago esporádico por compromiso social no nos convierta en alcohólicos, bien es cierto que todos los alcohólicos comenzaron con uno. Una de las labores de los salvacionistas consiste en ayudar a aquellos hombres y mujeres esclavos del alcohol, por lo que sería contradictorio que ellos consumieran bebidas alcohólicas cuando están intentando ayudar a los demás a dejarlas.

Todo cristiano debe ser modelo de responsabilidad, y el mejor ejemplo se da eliminando por completo el consumo de bebidas alcohólicas.

Aprobado por la Conferencia de Comisionados
Mayo 1982 (Cuartel Internacional Mayo 1982)

Posición del Ejército de Salvación respecto al control de la natalidad

El Ejército de Salvación estima que la sexualidad y su práctica adecuada son un don creado, ordenado y bendecido por Dios y que los mismos adquieren únicamente su verdadera significación en el contexto de una unión matrimonial amorosa. También cree que la expresión sexual dentro del matrimonio cumple varios propósitos divinos, entre los que figuran la procreación (Génesis 1:28, 9:1,7), el acompañamiento (Génesis 2:18), la unidad (Génesis 2:24, Mateo 19:4-6) y el placer (Cantar de los Cantares).

El Ejército de Salvación apoya el deseo de muchos matrimonios de limitar el número de hijos y estima que existen métodos anticonceptivos moralmente aceptables que permiten lograr ese fin.

Asimismo, fomenta el uso de métodos anticonceptivos para controlar la natalidad (es decir, para evitar la concepción) y no así el uso de métodos abortivos (es decir, que impidan la implantación después de la fecundación). El Ejército de Salvación se opone al aborto como método de control de la natalidad.

El Ejército de Salvación no se opone a la esterilización como método anticonceptivo pero como este procedimiento es generalmente irreversible, el mismo se deberá llevar a cabo sólo después de haber analizado profundamente todas las consecuencias espirituales, morales y prácticas que este pudiera tener.

Aprobado por la Conferencia de Comisionados
Octubre 1999 (Cuartel Internacional Mayo 2000)

Posición del Ejército de Salvación respecto a la crianza de los hijos

Los hijos son un don de Dios que se confía a los padres para que se responsabilicen de su bienestar físico, emocional, y espiritual. El hecho de que los niños pertenezcan a Dios y de que los padres sean sus tutores terrenales y protectores, se manifiesta en las Escrituras (Salmo 24:1, Proverbios 22:6, Ezequiel 18:4, Efesios 6:1-4) y se reafirma en la ceremonia de dedicación que se hace en el Ejército de Salvación.

La relación de padres e hijos se basa en la idea de un pacto, y no únicamente por los vínculos de sangre. Esta entraña un compromiso incondicional de amor de los padres por sus hijos en el que el bienestar de estos últimos es su mayor prioridad. A este respecto, la relación de padres e hijos es un reflejo del pacto de las Tres Personas de la naturaleza divina y de la relación de Dios con la humanidad. Se puede establecer una analogía entre la relación de padres e hijos y la de Dios y Su pueblo, en la que los padres y Dios ocupan la misma posición: la de Padre.

La importancia del papel de los padres en la formación y el desarrollo de sus hijos nunca podrá recalcarse lo suficiente. La formación de los niños en personas capaces de dar y recibir amor es uno de los objetivos primordiales de los padres. Su compromiso de amor contribuye enormemente al desarrollo de la personalidad de sus hijos; asimismo, su incapacidad de amarlos es fuente de profundos trastornos. La familia es el núcleo fundamental de la sociedad en el cual los niños experimentan seguridad y confianza en el mundo, un sentido de pertenencia y en donde forjan la base de su identidad antes de llegar a la adultez.

El Ejército de Salvación declara que el matrimonio de un hombre y una mujer es una institución sagrada ordenada por Dios. El compromiso de realizar una unión indisoluble es una de las decisiones más gratificantes de la vida siempre y cuando se reúnan las condiciones óptimas para alcanzar la satisfacción personal y poder criar a los hijos. Los padres deberán hacer todo lo que esté a su alcance para proteger y fortalecer el matrimonio por su propio bien y por el de sus hijos. Las investigaciones más recientes hacen hincapié en los efectos negativos a largo plazo que la separación o el divorcio causan a los niños.

Se insta a todos los padres, y en especial a los solteros, a mejorar y aumentar su papel participando periódicamente con los demás familiares y miembros consagrados de su iglesia. Existe un gran número de hogares estadounidenses que no son representativos del núcleo familiar tradicional, por lo que es imprescindible que los niños forjen relaciones profundas y duraderas con ambos padres siempre que sea posible. Se ha comprobado que cuando se cría a los hijos asociando la parte emocional con una enseñanza y comportamiento moral uniforme, se logra fortalecer de manera profunda y duradera la salud y felicidad de ellos. En especial, instamos a los padres a reconocer el importante papel que tienen en la crianza de sus hijos para que no dejen que esta responsabilidad recaiga solamente en las madres.

El entrenamiento de los padres puede tener muy buenos resultados para tratar de evitar y reducir muchos de los problemas que tienen los jóvenes hoy. Las responsabilidades de los padres cambian a medida que sus hijos van pasando por las diversas etapas de su desarrollo, por lo que tener los conocimientos necesarios en este sentido los ayudará a estar preparados para esos cambios.

Aprobado por la Conferencia de Comisionados
Octubre 1999 (Cuartel Internacional Mayo 2000)

Posición del Ejército de Salvación respecto al don de lenguas

El don de lenguas y el de su interpretación son mencionados por Pablo en la Primera Epístola a los Corintios, pero éste es el único pasaje de la Biblia en donde él lo hace. El Nuevo Testamento "no apoya la idea de que el don de lenguas constituya un signo esencial de una manifestación más profunda de gracia en la vida del cristiano" (extraído del libro Living and Walking in the Spirit [Viviendo y Caminando en el Espíritu] por el General C. D. Wiseman). Según el modo de pensar del apóstol Pablo, éste es el menos importante de los dones del Espíritu. No obstante, más que ningún otro de los dones del Espíritu, éste puede fácilmente poner en peligro la credibilidad y fraternidad del pueblo cristiano, como resultado del orgullo, la envidia, las pretensiones, las presunciones y los desacuerdos.

Los dones espirituales son repartidos de acuerdo a la voluntad de Dios (1 Corintios 12:11). En 1 Corintios 14, el apóstol Pablo indica que el ejercicio de un don espiritual depende de la libre voluntad del que lo recibe. En sus manos está el control de cuándo y dónde ejercitará o no ese don.

Conforme a la práctica tradicional del Ejército de Salvación, y por el deseo de todos los salvacionistas de acercarse a "un camino más excelente (1 Corintios 12:31), de sacrificio propio (1 Corintios 13)", los oficiales no participarán en el uso del don de lenguas en público ni permitirán a otros el hablar en lenguas en cualquier tipo de reunión del Ejército de Salvación. Esto no niega a los salvacionistas el derecho de emplearlo durante su tiempo de devoción personal.

Como en todas las actividades relacionadas con la vida espiritual del salvacionista, las instrucciones anteriores deben ser administradas y seguidas en amor, comprensión y "con toda humildad y mansedumbre, soportándoos con paciencia los unos a los otros en amor, solícitos en guardar la unidad del Espíritu en el vínculo de la paz" (Efesios 4:2-3).

Aprobado por la Conferencia de Comisionados
Mayo 1985

Posición del Ejército de Salvación respecto a la eutanasia y al suicidio asistido

El Ejército de Salvación cree en la santidad de la vida humana, estima que el valor de todo ser humano es incalculable y que la vida es un don de Dios que ha de ser apreciado, cuidado y redimido. La vida es sagrada puesto que ha sido hecha a la imagen de Dios y tiene un destino eterno (Génesis 1:27). La santidad no se puede conferir ni tampoco otorgar por decreto humano.

Todas las personas, incluso aquellas incapacitadas física o mentalmente, forman parte de la humanidad creada por Dios. La eutanasia es un acto deliberado que provoca la muerte intencional para aliviar el sufrimiento. La no administración o la suspensión de tratamientos médicos que sólo sirvan para aplazar la muerte no es eutanasia, como tampoco lo es la utilización de medicamentos que mitiguen la agonía, aunque ello tenga como efecto secundario el acortamiento del tiempo de vida. Respetar los deseos de un adulto en plenas facultades de rehusar o poner fin a un tratamiento tampoco constituye eutanasia.

El suicidio asistido consiste en ayudar o animar directamente a alguien para que ponga fin a su vida. Por esta razón, el Ejército de Salvación cree que la eutanasia y el suicido asistido, independientemente de la edad o el tipo de incapacidad que sufra una persona, socavan la dignidad humana y van en contra de toda moral.

Desde el punto de vista de la fe cristiana, la muerte constituye la transición de la vida terrenal a la vida eterna (2 Timoteo 4:6-8). Se recomienda realizar todos los arreglos pertinentes antes de morir —fundamentalmente la preparación espiritual— y también informar de nuestros deseos a nuestros seres queridos o a las personas que están a nuestro cuidado. Puede resultar de gran ayuda la preparación previa de instrucciones médicas respecto a la salud, las cuales entrarían en vigor en caso de no tener la capacidad para tomar decisiones de esa índole. Sin embargo, cabe la posibilidad de que se ejerza cierta presión sobre los enfermos, ancianos, inválidos o moribundos para que actúen en contra de su voluntad y evitar así que se conviertan en una carga.

El Ejército de Salvación cree que es importante transmitirles de palabra y obra a los enfermos, ancianos y moribundos que son dignos de respeto, que se les ama y que no se les abandonará.

Aprobado por la Conferencia de Comisionados
Octubre 1975
Revisado Mayo 1982 y Febrero 1992
Revisado Octubre 1998 (Cuartel Internacional Marzo 1999)

Posición del Ejército de Salvación respecto al hábito de fumar

El Ejército de Salvación reconoce y acepta los resultados de las investigaciones científicas que demuestran que el hábito de fumar es fuertemente adictivo y dañino para la salud, incluyendo la de aquellos que viven rodeados de fumadores. En consonancia con la posición del Ejército respecto a las demás adicciones y sustancias adictivas, todos sus soldados (miembros de su iglesia) tendrán que abstenerse completamente del hábito de fumar en todas sus manifestaciones.

El Ejército de Salvación apoya los esfuerzos que se llevan a cabo para limitar la publicidad de los productos derivados del tabaco, y en especial de aquellos que pretenden atraer a los menores.

Aprobado por la Conferencia de Comisionados
Marzo 1965
Revisado Octubre 1976 y Mayo 1982
Revisado Octubre 1998 (Cuartel Internacional Marzo 1999)

Posición del Ejército de Salvación respecto a la homosexualidad

El Ejército de Salvación mantiene una visión positiva de la sexualidad humana. Cuando un hombre y una mujer se aman, la intimidad sexual constituye la expresión de un don de Dios que ha de ser disfrutado en el seno de un matrimonio heterosexual. Sin embargo, desde el punto de vista cristiano, la intimidad sexual no es esencial para llevar una vida saludable, plena y abundante. Además del matrimonio, las Escrituras sientan como pauta el celibato.

La atracción sexual hacia las personas del mismo sexo es un asunto extremadamente complejo. Los intentos por negar su existencia o marginar a aquellos que tengan este tipo de inclinación, sea cual fuere su causa, no han servido de mucho. El Ejército de Salvación no estima que la inclinación homosexual sea un hecho intrínsecamente censurable. La conducta homosexual —al igual que la heterosexual— presupone asumir un comportamiento responsable a la vez que nos orientamos por la luz de las enseñanzas bíblicas.

Las Escrituras prohíben las relaciones sexuales entre dos personas del mismo sexo. Por lo tanto, el Ejército de Salvación insta a los cristianos que se sientan mayoritaria o exclusivamente inclinados hacia las personas de su sexo a llevar una vida célibe. En las Escrituras no aparece ningún fundamento que equipare la unión de personas del mismo sexo con los matrimonios heterosexuales ni que las considere una alternativa.

Igualmente, tampoco existe fundamento bíblico alguno para degradar o maltratar a nadie a causa de su inclinación sexual. El Ejército de Salvación se opone a cualquier abuso de esta índole.

En conformidad con estas convicciones, el Ejército de Salvación pone sus servicios a disposición de todos aquellos que los necesiten independientemente de su inclinación sexual. El Ejército de Salvación —una hermandad de adoración— acoge a todos los que buscan sinceramente la fe en Jesucristo; la membresía de la iglesia del Ejército de Salvación es receptiva a todos los que aceptan a Cristo como su Salvador y acatan las doctrinas y normas del Ejército.

Aprobado por la Conferencia de Comisionados
Mayo 2001 (Cuartel Internacional Julio 2001)

Escrituras: Génesis 2:23-24; Levítico 18:22; Marcos 2:16-17; Romanos 1:26-27; Romanos 5:8; 1 Corintios 6:9-11; 1 Corintios 13; Gálatas 6:1-2; 1 Tesalonicenses 4:1-8; 1 Tesalonicenses 5:14-15; 1 Timoteo 1:15-16; Judas 7

Posición del Ejército de Salvación respecto a la igualdad económica

El Ejército de Salvación cree que todos los seres humanos han sido creados a imagen de Dios (Génesis 1:27) y que debemos amar a nuestro prójimo como a nosotros mismos (Mateo 22:39). Creemos que la libertad y la dignidad son sagradas y nos comprometemos a redimir al mundo en todas las esferas (física, espiritual, social, económica y política). Como criaturas de Dios, creemos que nuestro deber es dar prioridad a los más pequeños entre nosotros (Mateo 25:31-46).

El Ejército de Salvación reconoce que la pobreza es un problema complejo y que siempre tendremos a los pobres con nosotros (Marcos 14:7). Nuestro amor por Dios nos impulsa a satisfacer todas las necesidades del alma, el espíritu y el cuerpo de las personas.

Jesucristo inició su misión en la tierra con las siguientes palabras:

"El Espíritu del Señor está sobre mí, porque me ha ungido para anunciar buenas nuevas a los pobres. Me ha enviado para proclamar libertad a los presos y dar vista a los ciegos, para poner en libertad a los oprimidos, para proclamar el año del favor del Señor" (Lucas 4:18-19).

Un elemento esencial de la misión del Ejército de Salvación es "suplir las necesidades humanas en Su nombre, sin ninguna discriminación". En 1890, el fundador de la organización, William Booth, plasmó el compromiso del Ejército de alcanzar la igualdad económica en el Manifiesto de los Caballos de Tiro:

". . .cada uno de los caballos de tiro de Londres cuenta con tres cosas: un techo para pasar la noche, comida y trabajo para ganarse esa comida. Dos de los puntos del Manifiesto de los Caballos de Tiro indican que cuando estos se caen, se les ayuda a levantarse y que mientras están en vida, se les da comida, abrigo y trabajo. A pesar

de que esto sea algo elemental, en la actualidad millones de nuestros conciudadanos no pueden ni remotamente alcanzar estos mismos derechos."

Los salvacionistas reafirman los siguientes principios:

- Todas las personas tienen derecho a satisfacer sus necesidades básicas (alimento, ropa, vivienda, educación, salud, ambiente seguro, seguridad económica).

- Todas las personas tienen derecho a beneficiarse de sus iniciativas económicas, al trabajo productivo a una compensación y prestación de servicios justa y al disfrute de condiciones laborales óptimas.

- Todas las personas, en la medida de sus capacidades, tienen el derecho de trabajar, la responsabilidad de subvenir las necesidades de su familia y la obligación de contribuir con la sociedad.

El Ejército de Salvación cree que algunas estructuras sociales perpetúan la desigualdad económica. Es por ello que la organización se compromete a intentar transformar de manera constructiva aquellos lugares donde prevalezcan dichas estructuras. El Ejército de Salvación pone todos sus esfuerzos en ayudar a las personas mediante la identificación y satisfacción de todas sus necesidades espirituales y sociales. Este enfoque encierra la expresión de la esencia misma de los Evangelios.

Aprobado por la Conferencia de Comisionados
Octubre 1998 (Cuartel Internacional Marzo 1999)

Posición del Ejército de Salvación respecto a la igualdad humana

El Ejército de Salvación —rama internacional de la iglesia cristiana— se ha preocupado desde sus orígenes por las necesidades espirituales y sociales de todos los seres humanos al mismo tiempo que reconoce que somos reflejo de la imagen divina y que nuestro valor como personas es el mismo para todos. "Y Dios creó al ser humano a su imagen; lo creó a imagen de Dios. Hombre y mujer los creó" (Génesis 1:27). "De un solo hombre hizo todas las naciones para que habitaran toda la tierra" (Hechos 17:26).

A todos los niveles, el Ejército de Salvación apoya completamente los principios bíblicos y cristianos de los derechos humanos y civiles. Nos oponemos a la discriminación ilegal, injusta o inmoral y nos proponemos alentar la sensibilidad, la comprensión y la comunicación. Las actitudes cristianas propician y facilitan la edificación de relaciones entre culturas diferentes. Compartir valores y objetivos forma y favorece la amplia cultura de los ministerios del Ejército de Salvación. La diversidad fortalece esos ministerios; Cristo propicia la unidad dentro de la diversidad.

Todas las posiciones del Ejército de Salvación que requieran una entrega total al servicio de la organización, las de liderazgo laico, los puestos de empleo y los de voluntariado están abiertos a todos los que reúnan las condiciones necesarias salvo excepciones dictadas únicamente por los propósitos religiosos y los principios morales del Ejército de Salvación.

Todos los servicios de asistencia social se brindan sin discriminación alguna; los mismos estarán a la disposición de todos por igual teniendo en cuenta sus necesidades y su capacidad para beneficiarse de los mismos.

Igualmente, los servicios de adoración del Ejército de Salvación están a la disposición de todos. Creemos que la integración racial y multicultural de los creyentes es algo que debemos y podemos alcanzar en el seno de los Cuerpos cristianos de la comunidad ya que el evangelio trasciende la cultura humana. "Ya no hay judío ni griego, esclavo ni libre, hombre ni mujer, sino que todos ustedes son uno solo en Cristo Jesús" (Gálatas 3:28). El Ejército de Salvación se esfuerza deliberadamente por incorporar distintos estilos de adoración para satisfacer las necesidades de sus cada vez más diversos ministerios. "Por lo tanto, ustedes ya no son extraños ni extranjeros, sino conciudadanos de los santos y miembros de la familia de Dios" (Efesios 2:19).

Aprobado por la Conferencia de Comisionados
Septiembre 2001 (Cuartel Internacional Julio 2001)

Posición del Ejército de Salvación respecto a los juegos de azar

La participación en los juegos de azar es una manera de obtener ganancias a expensas de los demás sirviéndose únicamente de la suerte. El Ejército de Salvación es muy consciente del sufrimiento y las pérdidas que los juegos de azar acarrean a un gran número de personas. La experiencia que tiene el Ejército en este sentido indica que muchos de los que incurren en este tipo de juegos tienden a desatender sus responsabilidades más importantes y con frecuencia causan vergüenza y dolor a aquellos que dependen de ellos. Sin embargo, los que participan sin percibir ningún perjuicio aparente, ni en ellos ni en sus familiares, no dejan de ser por ello menos irresponsables.

Puesto que la participación en cualquier tipo de juego de azar está motivada por el egoísmo, la misma va en contra de la expresión cristiana de amor, respeto y preocupación por el prójimo. Aunque se comienza a menudo de forma inofensiva, su práctica continua conduce con frecuencia a excesos y tiende a destruir la personalidad y el carácter del jugador.

En la opinión del Ejército de Salvación, la aprobación oficial y la aceptación pública de este mal son contrarias a los principios cristianos que profesamos.

Los salvacionistas deberán abstenerse de participar en todo tipo de juego que persiga la obtención de beneficios materiales y que se sustente únicamente en el azar.

Aprobado por la Conferencia de Comisionados
Octubre 1964
Revisión aprobada Mayo 1982 (Cuartel Internacional Mayo 1982)

Posición del Ejército de Salvación respecto al matrimonio

El Ejército de Salvación se rige por las normas relativas al matrimonio establecidas en el Nuevo Testamento, es decir, la unión voluntaria, amorosa y de por vida de un hombre y una mujer. Esta relación excluye cualquier otro tipo de unión y se sanciona por medio de una ceremonia que le otorga legitimidad.

El término "voluntaria" indica que ambos deciden libremente contraer matrimonio, o como sucede en algunas culturas, aceptan hacerlo. "De por vida" indica que no podrá existir un matrimonio temporal o de prueba. La frase "un hombre y una mujer" señala que el matrimonio es únicamente posible entre miembros del sexo opuesto, y "excluye cualquier otro tipo de unión" y hace hincapié en la fidelidad inherente al vínculo matrimonial.

Debido a su naturaleza intrínseca, el matrimonio se cimienta en una relación de amor que no es más que el reflejo del amor de Dios por los seres humanos. La permanencia del vínculo matrimonial es fuente de seguridad y forja la confianza mutua a la que se refiere las Escrituras como la relación de "un solo ser" (Génesis 2:24 y Efesios 5:31). Esta también fue descrita por Jesucristo con estas palabras: "...Por tanto, lo que Dios ha unido, que no lo separe el hombre" (Mateo 19:6).

La exclusividad forma parte del matrimonio y no deja lugar a la infidelidad. En las relaciones sexuales, los esposos se expresan mutuos sentimientos de amor, respeto, interdependencia y pertenencia. Las relaciones sexuales fuera del matrimonio carecerán siempre de este tipo de relación. Sólo la certeza de ser totalmente fieles conduce al desarrollo adecuado de la relación matrimonial.

El Ejército de Salvación afirma que la norma divina respecto al matrimonio que se revela en las Escrituras se aplica a todas las personas en todo el mundo. Jesús nos enseñó que el divorcio constituye un fracaso (Marcos 10:2-12 y Mateo 19:3-

12). Sin embargo, los salvacionistas creen que Su actitud hacia aquellos que tengan conflictos matrimoniales también ha de ser de amor y compasión.

Por lo tanto, el Ejército de Salvación, al mismo tiempo que defiende firmemente la vigencia y la importancia de la voluntad de Dios para con los hombres y las mujeres, reconoce la realidad del fracaso de algunos matrimonios y está dispuesto, en nombre de Dios, a aconsejar o ayudar a las parejas que estén pasando por ese problema. En aquellos casos en que un nuevo matrimonio conduzca a la cura de las heridas emocionales, el Ejército permitirá que sus oficiales casen a una persona que ya se haya divorciado. Una doctrina lógica y con un sentido práctico de la misericordia es lo que caracteriza el enfoque de los salvacionistas ante los conflictos conyugales y emocionales.

En la opinión del Ejército de Salvación, exhortar y fortalecer la institución del matrimonio es una de las condiciones previas para alcanzar una vida familiar plena, la cual es a su vez esencial para lograr una sociedad estable.

Aprobado por la Conferencia de Comisionados
Febrero 1983 (Cuartel Internacional Febrero 1983)

Posición del Ejército de Salvación respecto al medio ambiente

El Ejército de Salvación cree que:

Puesto que fuimos hechos a imagen de Dios (Génesis 1:27), tenemos el deber de utilizar los recursos del planeta de forma tal que nuestra generación y las generaciones futuras no sufran pobreza o injusticia. Hacerlo es parte de nuestra mayordomía del planeta y de nuestro amor por el prójimo. En el mundo moderno, la mayordomía cristiana presupone cambios de actitudes así como comportamientos permanentes y a gran escala respecto a la creación divina que nos permitan llenar la tierra (Génesis 1:28).

La humanidad recibió de Dios la responsabilidad de cultivar y cuidar la Tierra (Génesis 2:15) pero ha destruido o está destruyendo gran parte de la creación de Dios (Isaías 24:4, 5).

Las instrucciones divinas de llenar la Tierra, someterla y dominar todos los seres vivientes (Génesis 1:28) no puede interpretarse como un pretexto para la explotación de la misma. Dios le dio a Su pueblo derechos y privilegios, pero también deberes y responsabilidades.

Los planes de desarrollo deberán tener en cuenta la necesidad de preservar el planeta llevando a cabo una mayordomía responsable ya que los recursos de la Tierra no son renovables, la población mundial va en aumento y las actividades industriales y rurales la están afectando.

Por estas razones, los salvacionistas declaran los siguientes principios:

(i) Interés y preocupación por todas la formas de vida y no solamente la humana.

(ii) Adopción de un estilo de vida responsable que proteja y valorice el medio ambiente.

(iii) Interés por las víctimas de las políticas de mayordomía ambiental y del vandalismo ecológico.

DECLARACIÓN DE POSICIÓN

Se insta a los salvacionistas a reflexionar profundamente en su deber para con el medio ambiente y a tomar medidas prácticas que contribuyan a preservar y renovar la creación divina.

Aprobado por la Conferencia de Comisionados
Mayo 1992 (Cuartel Internacional Mayo 1992)

Posición del Ejército de Salvación respecto a la observancia del día de reposo

La observancia del día de reposo es parte de la ley divina que se proclama en el cuarto mandamiento del Antiguo Testamento y que se pone de manifiesto en el Nuevo Testamento mediante los ejemplos y las enseñanzas de Jesús. El Ejército de Salvación adoptó el domingo como el Día del Señor (a diferencia del sabbat de los judíos) siguiendo así la tradición de la Iglesia primitiva de celebrar con júbilo este día la resurrección de Cristo. Por tradición, el domingo es el día que los salvacionistas disfrutan de la oportunidad de participar en la adoración colectiva, la reflexión, el compañerismo comunitario y la proclamación del evangelio.

"El sábado se hizo para el hombre, y no el hombre para el sábado", dijo Jesús (Marcos 2:27). En este día dejamos todo trabajo y descansamos para Dios. Este es el tiempo que dedicamos para postrarnos ante Él, la ocasión de desprendernos de nuestras ocupaciones diarias y el momento para recordar que somos valiosos ante Sus ojos por nuestros propios méritos y no por lo que hayamos logrado. Este día de descanso nos permite refrescar nuestras ideas y prepararnos para recomenzar nuestro servicio a Él.

Sin embargo, no nos podemos limitar a seguir estas normas ciegamente. Animamos a aquellas personas que se ocupan de la dirección de los ministerios dominicales y a aquellos que se ven obligados a trabajar los domingos a dedicar otro momento de la semana para "la observancia del día de reposo".

Como cristianos, nuestros valores son diferentes de los valores mundanos y somos testimonios de una manera también diferente de respetar el reposo del domingo dedicando un día al Señor.

Aprobado por la Conferencia de Comisionados
Octubre 1999 (Cuartel Internacional Mayo 2000)

Posición del Ejército de Salvación respecto a la permisividad sexual

El Ejército de Salvación es un movimiento cristiano que considera que la sexualidad humana es un don de Dios y que la Biblia presenta el tema del sexo y su adecuada manifestación como un privilegio creado, ordenado y bendecido por Dios.*

Sin embargo, el Ejército de Salvación está muy consciente de que en la sociedad moderna se está llevando a cabo una revolución sexual sin precedentes que ha causado un debilitamiento de las costumbres sociales, un resquebrajamiento de la estabilidad familiar y un incremento de la promiscuidad sexual tanto en los jóvenes como en los adultos. Para contrarrestar los efectos desastrosos de este problema, el Ejército de Salvación declara enfáticamente que el complejo universo físico, psicológico y social de la sexualidad humana debe estar regido por los fundamentos espirituales y morales transmitidos por nuestra herencia judeocristiana.

El Ejército de Salvación reconoce que la batalla entre la carne y el espíritu no es fácil, pero cree que el deseo sexual ha sido diseñado por Dios como expresión máxima del amor entre dos personas únicamente en la santidad del matrimonio. Cree también que cuando este se expresa fuera de esta relación, conduce inevitablemente a la desdicha propia y de los demás.

Por lo tanto, el Ejército de Salvación reitera que la Biblia nos enseña claramente cuál ha de ser nuestro comportamiento y revela que Dios es quien capacita al hombre para manifestar su sexualidad de manera responsable. El Ejército desaprueba firmemente cualquier tipo de actividad sexual indiscriminada y apoya por completo el elevado nivel de moralidad demostrado y enseñado por Jesucristo, el hijo de Dios.

* Mateo 19:5, 6

"Por eso dejará el hombre a su padre y a su madre, y se unirá a su esposa, y los dos llegarán a ser un solo cuerpo. Así que ya no son dos, sino uno solo. Por tanto, lo que Dios ha unido, que no lo separe el hombre".

Hebreos 13:4

"Tengan todos en alta estima el matrimonio y la fidelidad conyugal, porque Dios juzgará a los adúlteros y a todos los que cometen inmoralidades sexuales".

Aprobado por la Conferencia de Comisionados
Noviembre 1971 (Cuartel Internacional 1971)

Posición del Ejército de Salvación respecto a la pornografía

El Ejército de Salvación se opone a la pornografía en todas sus manifestaciones. Creemos que la sexualidad humana es un don recibido de un Dios amoroso. La Biblia presenta el tema de la intimidad sexual como un privilegio decretado y bendecido por Dios en el seno del matrimonio. La pornografía va en contra de los designios divinos y los degrada. También despersonaliza la sexualidad al hacer hincapié en el factor carnal a detrimento de la relación amorosa y el compromiso de la pareja.

La pornografía es una plaga cada vez más dañina en nuestra sociedad que pone en peligro y mancilla el bienestar físico, moral y espiritual de todos. Asimismo, está estrechamente vinculada con la prostitución, el maltrato y la agresión sexual así como a otras formas de explotación del sexo. La pornografía promueve la perversión sexual y la violencia al igual que perjudica y degrada a aquellos que son utilizados como objetos sexuales, a los consumidores y abastecedores de la misma.

La pornografía es un asunto que no concierne únicamente a la moralidad de cada individuo sino que se ha convertido también en una importante fuerza económica con profundas implicaciones sociales y éticas. El Ejército de Salvación cree que todos tenemos el derecho de ser protegidos de este tipo de lacra que corroe la sociedad y se ceba en el ser humano. En este sentido, aquellos que no defienden los intereses del público deberán ser responsabilizados legal y moralmente.

El Ejército de Salvación apoya firmemente que se enseñe sobre el peligro que representa la pornografía y se instruya sobre cómo tener una sexualidad saludable basada en los fundamentos del Nuevo Testamento.

Al igual que las demás personas, los cristianos son vulnerables a la presencia exponencial de mensajes y materiales con una carga sexual explícita. La gracia de Dios y el poder del Espíritu Santo pueden prepararnos para superar las influencias sexuales impuras y adictivas.

Aprobado por la Conferencia de Comisionados
Mayo 1996
Revisado Octubre 2000 (Cuartel Internacional Abril 2001)

Posición del Ejército de Salvación respecto a las relaciones humanas

Desde sus inicios, El Ejército de Salvación se ha preocupado por las necesidades espirituales y sociales de todas las personas. Sus servicios en el mundo entero se han desarrollado en base al reconocimiento del principio bíblico de que todas las personas son iguales en su valor intrínseco y que todas las personas, sin tomar en cuenta raza u origen nacional, llevan la imagen divina ya que "De un solo hombre hizo todas las naciones para que habitaran toda la tierra" (Hechos 17:26).

El Ejército de Salvación se opone a las prácticas discriminatorias relacionadas con la raza u origen en todos los niveles operativos y administrativos, y busca promover la comprensión entre los grupos de personas y darle apoyo total a los derechos humanos y civiles imprescindibles, no sólo en los aspectos de vivienda, educación y empleo, sino también en las áreas de cultura y religión, compartiendo esa afinidad espiritual que hace hermanos a todos los seres humanos.

1. Todos los puestos del Ejército de Salvación a los que los empleados son asignados normalmente están disponibles para personas de toda raza, color, credo, sexo, edad, origen nacional o discapacidad física, en base a la buena fe sobre las capacidades laborales, exceptuando solamente aquellos que sean dictados por los propósitos religiosos del Ejército de Salvación.

2. Todos los servicios sociales de asistencia social a individuos o familias se ofrecen sin tomar en consideración la raza, de acuerdo a la capacidad de la organización para servir satisfaciendo las necesidades de aquellos involucrados; y todos los servicios deben estar disponibles por igual a los clientes de cualquier raza, sobre la base de la necesidad y capacidad de beneficiarse del programa.

3. Todos los servicios de adoración del Ejército de

Salvación están abiertos para las personas de cualquier raza, y la ayuda espiritual deberá estar disponible a todos a través del personal del Ejército de Salvación.

Aprobado por la Conferencia de Comisionados
Mayo 1964
Revisiones aprobadas: Mayo 1973, Mayo 1984

Posición del Ejército de Salvación respecto al servicio militar

Los cristianos han sido llamados a mantener la paz; nadie en su sano juicio está a favor de la guerra. Sin embargo, la historia y las circunstancias políticas indican que en este mundo perdido la guerra es algo inevitable. Existen argumentos bíblicos a favor y en contra de tomar partido por la paz ante los conflictos militares. El Ejército de Salvación defiende el derecho de las personas de tomar uno u otro partido en este sentido. Los cristianos anhelan que reine la paz en el mundo, pero aun así, muchos sienten que es su deber participar en el servicio militar para hacer realidad ese propósito.

Es importante que a la hora de tomar una decisión al respecto los cristianos reflexionen cuidadosamente sobre los principios morales y espirituales que están en juego. El Ejército de Salvación apoya tanto a aquellos que deciden alistarse conscientemente como a aquellos que se abstienen de hacerlo, o a los que se alistan pero no participan en los combates. Durante la temporada de reclutamiento obligatorio, se les aconseja a aquellos que se oponen al servicio militar por cuestión de principios que busquen asesoramiento jurídico para hallar una solución. El deber de todos los salvacionistas es hacer la parte que les corresponde para promover la paz mundial.

Aprobado por la Conferencia de Comisionados
Octubre 1999 (Cuartel Internacional Mayo 2000)

Posición del Ejército de Salvación respecto a las técnicas de reproducción

La angustia que embarga a muchas parejas casadas que no pueden procrear es un hecho innegable que suscita una reacción de compasión por parte de aquellos que trabajan en las profesiones afines a la salud. Se les trata de ayudar, asesorar y se pone a su disposición servicios y procedimientos especializados que les permitan vencer la infertilidad.

Hoy en día, las técnicas de reproducción asistida son la solución de la infertilidad de muchas parejas pero también abren las puertas a métodos de dudosa naturaleza ética. La utilización de las técnicas de reproducción pone al descubierto algunas interrogantes relacionadas con las premisas teológicas y es potencialmente peligrosa para la santidad y dignidad de la vida. Es por esta razón que las parejas que deseen tener hijos deben anteponer los intereses de estos a los suyos. Con una amplia gama de métodos para ayudar— o interferir—en el sagrado acto de procreación, los conocimientos y capacidades humanos deberán ir de la mano con un profundo sentido de responsabilidad y respeto por la vida.

INSEMINACIÓN ARTIFICIAL UTILIZANDO EL SEMEN DEL ESPOSO (AIH)

El Ejército de Salvación acepta la técnica de inseminación artificial en la cual se introduce el esperma del esposo en el útero de la mujer para ayudar a los casados a concebir una vez que han fracasado los métodos naturales, todo ello en el contexto de un matrimonio estable.

INSEMINACIÓN ARTIFICIAL UTILIZANDO EL SEMEN DE UN DONANTE

Para algunas parejas casadas, la inseminación artificial utilizando el semen del esposo no logra ningún resultado, y su hondo deseo de tener hijos los lleva a considerar la utilización de un donante. El Ejército de Salvación no aconseja la utilización de este tipo de procedimiento debido a las implicaciones jurídicas, éticas, morales y sociales que pudieran afectar a la pareja, al donante, a la criatura y la sociedad en su conjunto.

FERTILIZACIÓN IN VITRO – ESPOSO Y ESPOSA

El Ejército de Salvación reconoce que para las parejas casadas que no logran concebir naturalmente o mediante la inseminación artificial con el semen del esposo, la fertilización in vitro, cuando se utilizan los óvulos y el semen de ambos, es una alternativa a tener en cuenta.

El Ejército de Salvación recomienda que las parejas que piensen llevar a cabo este procedimiento sean asesoradas y se les explique la naturaleza del mismo, sus riesgos y consecuencias, incluyendo las cuestiones éticas que se desprenden de esta técnica (por ejemplo, la creación y tratamiento de varios óvulos fertilizados). Durante el asesoramiento deberá mencionarse también otras alternativas a la fertilización in vitro, por ejemplo, optar por no tener hijos, recurrir a la adopción o ser padres sustitutos.

FERTILIZACIÓN IN VITRO — INYECCIÓN INTRACITOPLÁSMICA DEL SEMEN

Para el Ejército de Salvación, este tipo de técnica constituye el primer paso de la fertilización in vitro y no pone objeciones a la misma si se utiliza el semen y óvulos de los esposos.

FERTILIZACIÓN IN VITRO — DONANTES AJENOS

Muchos de los problemas asociados con la inseminación artificial utilizando un donante son los mismos que implica la fertilización in vitro utilizando un donante ajeno. El

Ejército de Salvación no aconseja la fertilización in vitro utilizando donantes ajenos, ya sea de semen o de óvulos.

MADRES PORTADORAS

El Ejército de Salvación no aconseja la utilización de madres portadoras. Esta técnica está plagada de complicaciones jurídicas y de profundas motivaciones psicológicas que pueden afectar de por vida. La misma va en contra de los esfuerzos por lograr y promover una vida familiar estable y atenta contra la relación matrimonial.

RESUMEN

La inseminación artificial y la fertilización in vitro son técnicas aceptables siempre y cuando se utilice el semen y óvulos de la pareja. El Ejército de Salvación desaconseja rotundamente la utilización de donantes debido a las complicaciones e implicaciones teológicas, jurídicas, morales, sociales, psicológicas y éticas que se desprende de ello.

Es imposible responder fácilmente al sinnúmero de complejidades que rodean la utilización de las técnicas de reproducción asistida. El Ejército de Salvación deja abiertas sus puertas a los progresos que se hagan en el futuro y a la intensificación del discernimiento ético en este campo. Considerando siempre el bienestar del ser humano, el Ejército se rige por los principios bíblicos del valor intrínseco de todas las personas (incluyendo a los niños), la santidad del matrimonio y la aceptación de la voluntad de Dios.

Aprobado por la Conferencia de Comisionados Octubre 1997
Revisión aprobada Octubre 2001 (Cuartel Internacional Febrero 2002)

www.ingramcontent.com/pod-product-compliance
Lightning Source LLC
Chambersburg PA
CBHW061429040426
42450CB00007B/958